DE MI COCINA

CON POCA GRASA PERO CON MUCHO SABOR

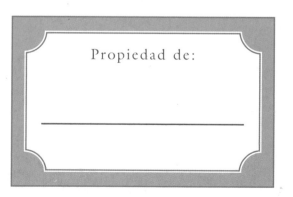

Propiedad de:

_____

DE MI COCINA

CON POCA GRASA PERO CON MUCHO SABOR

LUCY PEREDA

DE MI COCINA

Primera edición de Random House Español, 2002

La información CIP (Clasificación de publicación) se dispone a petición.

Edición a cargo de Mary Haesun Lee.
Diseño del libro y la cubierta por Sophie Ye Chin.
Producción del libro a cargo de Lisa Montebello y Linda Schmidt.

Fotografía de la portada: Barón Da Parré

www.rhespanol.com

ISBN 1–4000–0216–8

Primera edición de Random House Español

Impreso en Singapur
10 9 8 7 6 5 4 3 2 1

Quiero dedicar este libro con todo mi amor a mis tres hijos: Carlos, Danny y Lucy.

Ellos fueron mi inspiración.

AGRADECIMIENTOS

Quiero dar gracias a Dios y a todas aquellas personas que ayudaron a hacer DE MI COCINA una realidad.

A mi hijo Carlos: gracias por tu regaño, ése era el empujón que necesitaba para ponerme a escribir.

La fe que mi representante y amigo Rafael Fusaro tuvo en mí, hizo posible que mi programa de televisión EN CASA DE LUCY, se llevara a vías de hecho. Es a través de este programa que he podido difundir mis recetas y despertar el interés de mis televidentes, tanto de Estados Unidos como de América Latina, en cocinar con menos grasa. Gracias Rafa.

A mi amiga y socia, Ivonne Vázquez: gracias por tu colaboración, coordinación y producción, en el contenido editorial de este libro. Tu optimismo ha sido de gran valor para mí y para el éxito de este proyecto.

A mi querida asistente Carmen Toledo: más que gracias, quiero reconocer tu esfuerzo y tu paciencia para ayudarme a preparar las recetas que se ofrecen en este libro.

También quiero agradecer profundamente el respaldo profesional de Sabrina Hernández, R.D.L.D./N., Presidenta de la Asociación Dietética de Miami, 1999 - 2000 y Educadora de Nutrición del Miami Cardiac and Vascular Institute, por la información sobre nutrición que nos ayudó a preparar para este libro.

Baron DaParré, el fotógrafo que retrató todos los platos que aparecen en estas páginas, merece también unas gracias bien grandes por su orientación y profesionalismo. Sus fotografías son la mejor inspiración para que mis lectores prueben las recetas.

A Denise Picans: gracias por crear un diseño tan hermoso para mi libro... quien me iba a decir que esa niñita que ví crecer junto a mis hijos iba a ser la diseñadora gráfica de este libro. Tu talento ha sido una importante aportación, así como el de Pamela Speh, quien asistió en el montaje.

No puedo dejar de mencionar a Ana B. Muñoz, Ana Santos y a Rita Martínez por su excelente trabajo en la preparación del texto de este libro.

Y desde luego, a mi hermana Marilú: gracias mi hermana por tu ayuda, tu compañía y tu apoyo moral.

Es una suerte contar con tanta gente buena.

PROLOGO

Como nutricionista me complazco en recomendar DE MI COCINA como una solución a la eterna lucha entre la dieta y el placer del buen comer. Este libro es la culminación de muchos años de dedicación al arte de la buena cocina. Lucy Pereda, con una creatividad sorprendente, ha podido satisfacer en sus recetas las exigencias del paladar con los requisitos de una buena nutrición. Considero que es una obra verdaderamente importante, especialmente para nuestra población hispana.

DE MI COCINA es una colección de platos cuyos aromas y sabores nos pasean por toda América Latina y nos permite disfrutar de las delicias de nuestros países con recetas bajas en grasa y nutritivas, utilizando sazones y especias típicas de nuestras culturas. Asimismo, encontrarán muchas recetas de la cocina española, norteamericana, francesa, italiana y oriental. Este libro es para todos aquellos que quieran vivir, como dice Lucy, una nueva filosofía culinaria, sin pasar hambre, disfrutando de sus platos favoritos y manteniendo su cuerpo atractivo y saludable.

Quiero felicitar a Lucy Pereda por su iniciativa. Al fin podré ofrecer a mis clientes y pacientes una verdadera solución para comer de una forma balanceada y variada, disfrutando de las deliciosas recetas DE MI COCINA, *...con poca grasa pero con mucho sabor*.

Sabrina Hernández RD,LD/N

Dietista Licenciada

Nutricionista

Consejera de Nutrición

Presidenta de la Asociación Dietética de Miami 1999-2000

MENSAJE DE LA AUTORA

DE MI COCINA es una selección de las recetas que he preparado por más de dos décadas para ofrecerle a mi familia platos ricos al paladar, pero bajos en grasa y calorías. Todo comenzó cuando me convertí en la mamá de Carlos, Danny y Lucy. Tomé conciencia de la importancia de una buena nutrición para el crecimiento de los niños y por ende, para la buena salud del ser humano de cualquier edad. Con el tiempo compartí estas recetas con mis televidentes y amigos. Mi gran reto fue engañar al paladar, cocinar sin que se notara la carencia casi total de grasa en la preparación de la comida. Poco a poco mi cocina se transformó en un laboratorio, sustituyendo ingredientes, probando nuevas alternativas. Cocinar sin grasa se convirtió en un nuevo estilo de vida, en una nueva filosofía culinaria, *...con poca grasa pero con mucho sabor.*

DE MI COCINA le enseñará como cocinar sin añadir grasa a la comida (o añadiendo un mínimo), sin sacrificar su sabor. Esta colección de recetas no pretende ser una dieta, más que eso, representa un nuevo estilo de vida. Sin embargo, si usted desea bajar de peso, puede incluir estas recetas en su menú, cuidando siempre de no pasarse de la cantidad de grasas y calorías establecidas en la tabla de pesos y medidas. La edad y la actividad física también son factores importantes. Es recomendable que consulte con su médico o nutricionista antes de comenzar una dieta. Acuérdese de practicar alguna forma de ejercicio aunque sea moderado.

Deseo aclarar que bajo ningún concepto estoy recomendando eliminar la grasa totalmente de nuestra dieta. El ser humano necesita grasa para el buen funcionamiento de sus órganos. La mayoría de los alimentos contienen grasa. Hay grasas "buenas", como el aceite de oliva y hay grasas "malas" como la manteca.

Debemos conocer las diferencias entre unas y otras y saber cuáles son los límites de consumo establecidos por las autoridades médicas.

Las recetas de este libro tienen en su mayoría, menos de nueve gramos de grasa por porción y una cantidad moderada de calorías. Pero a pesar de la forma minuciosa en que se calcularon estas cifras, algunas de las recetas pueden tener un pequeño margen de error, debido a las variantes que existen en los alimentos.

La mayoría de las opiniones de los médicos y nutricionistas coinciden en que una dieta saludable no debe tener más de un 30% del total de calorías derivadas de la grasa, pero hay aquellos que reducen todavía más esta cifra a un 20% o a menos. Consulte con su nutricionista para estar bien orientado en cuanto a sus necesidades específicas.

Sabrina Hernández, RD,LD/N, Presidenta de la Asociación Dietética de Miami, 1999 - 2000, nos ha prestado su valiosa cooperación para presentarles a nuestros lectores una importante información sobre nutrición que merece ser leída con detenimiento.

Espero sinceramente que DE MI COCINA le ayude a comenzar un nuevo estilo de vida que le ayude a sentirse y a verse mejor, a tener más enegía y a vivir una vida más saludable.

CONTENIDO

Crema de Salmón, p.74

Crostinis de Camarones, p.66

Mejillones con Mayonesa de Ajo, p.65

"Sorullitos" Orientales, p.68

Botecitos de Hojaldre
Rellenos de Tomate y Queso, p.74

Camarones al Ajillo, p.65

Rollito de Carne Fría, p.69

Papitas Sorpresa, p.67

Mousse de Pollo y Alcachofas, p.67

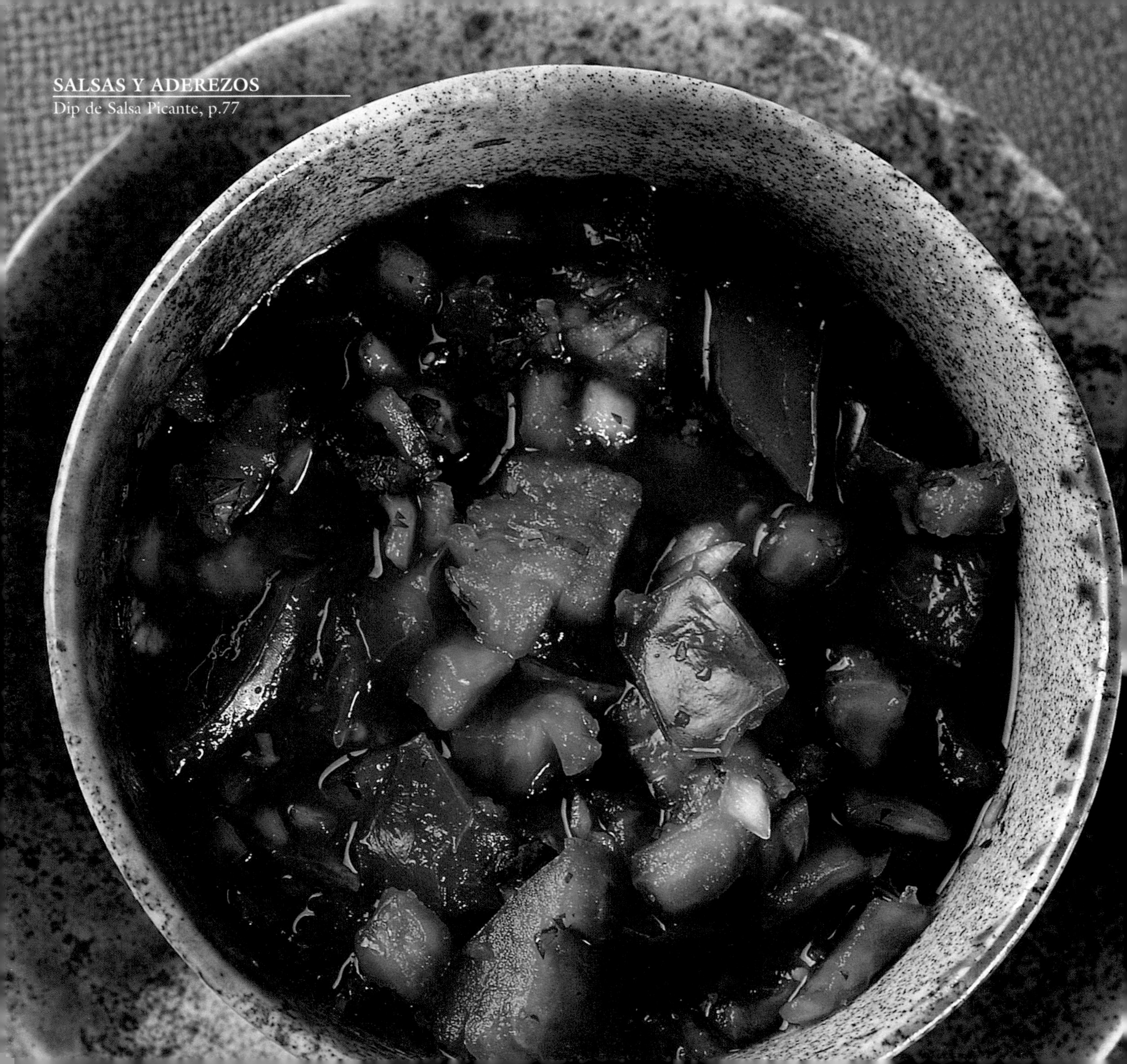

SALSAS Y ADEREZOS

Dip de Salsa Picante, p.77

Aderezo Cremoso de Eneldo, p.79

Salsa de Pimientos Rojos, p.78

Aderezo de Mango y Piña, p.77

Vinagreta de Ajo, p.77

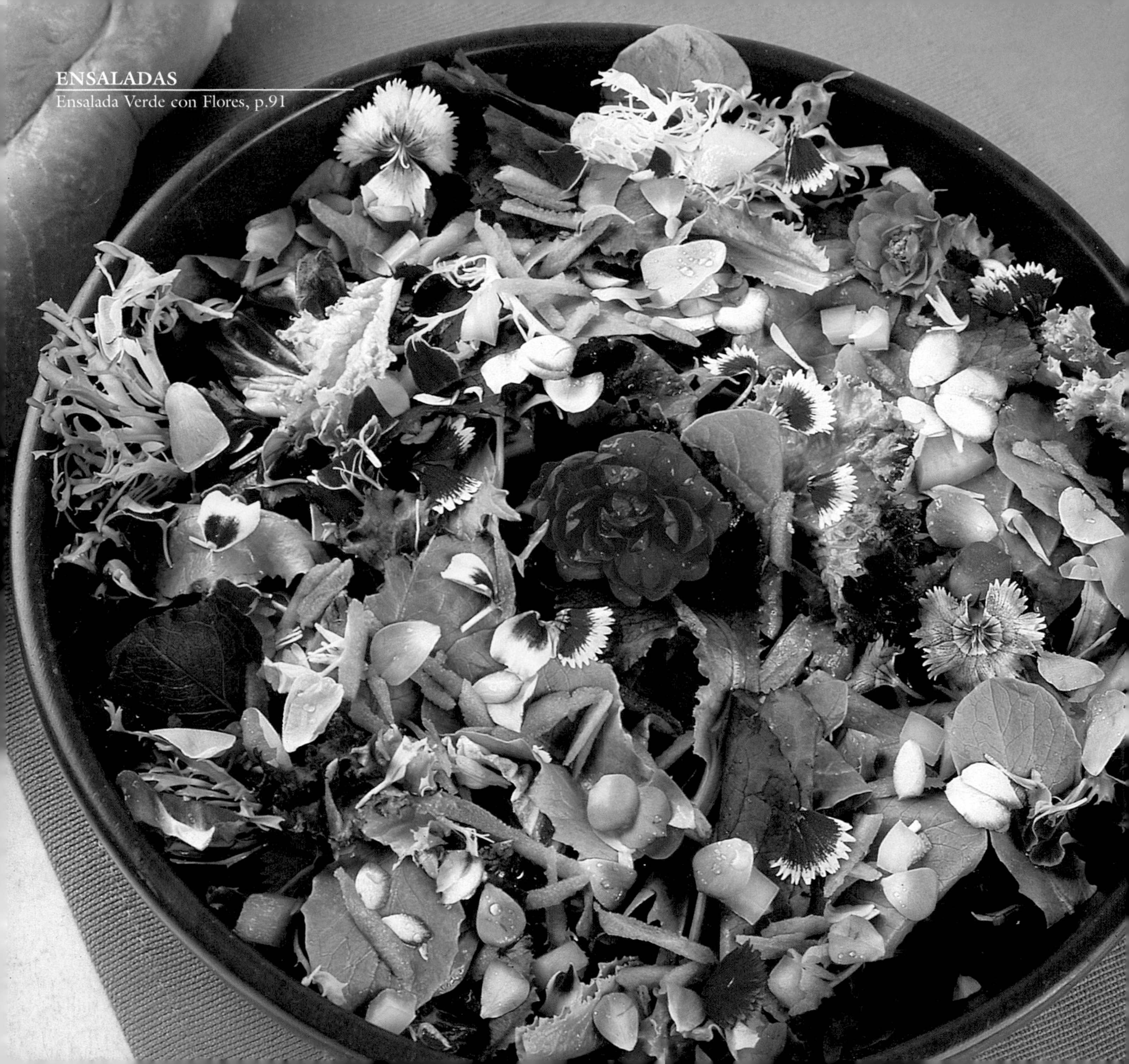

ENSALADAS

Ensalada Verde con Flores, p.91

Ensalada de Camarones y Espinaca con Aderezo Caliente, p.90

Torres de Tomate y Berenjena, p.89

Ensalada de Fideos de Calabacín Verde, p.90

Ensalada Tropical, p.91

SOPAS Y CREMAS
Crema de Calabaza, p.99

Sopa Azteca, p.102

Sopa de Cebolla a la Francesa, p.101

Asopao de Mariscos, p.100

Sopa de Miso, p.100

VIANDAS Y VEGETALES
Vegetales al Pincho, p.111

Plátanos en Tentación, p.109

Pastelito de Cebolla y Queso, p.118

Timbalitos de Vegetales en Salsa de Pimientos, p.110

Pimientos Rojos Rellenos con Calabacín Maíz, p.109

Guiso de Garbanzos y Chorizos, p.125

Paella, p.121

Lasagna, p.122

Pastel de Fideos, p.124

PESCADOS Y MARISCOS
Pescado Relleno, p.139

Terrine de Salmón en Salsa de Vino, p.138

Camarones en Leche de Coco, p.137

Dorado en "Papillote", p.140

Crepes de Cangrejo en Salsa Blanca, p.144

AVES Y CARNES
Filete de Cerdo Asado, p.149

Pincho Tropical, p.152   Carnitas con Polenta, p.147

Ropa Vieja, p.149   Pollo Parmesano, p.150

PLATOS A BASE DE HUEVO
Soufflé de Jamón y Queso, p.159

Tortilla Tex-Mex, p.159

Huevos Benedictinos, p.160

Quiche de Vegetales, p.160

Huevos Rancheros, p.161

Pastel de Manzanas en Hojaldre, p.167

Bizcocho de Chocolate, p.169

Mousse de Chocolate con Sirope de Chocolate y Licor, p.170

Pastel de Frutas Glaseadas, p.168

BEBIDAS
Sangría de Vino Blanco, p.189

Piña Colada "Virgen", p.191

Mimosa de Sidra, p.192

Bloody Mary "Virgen", p.192

Daiquirí de Fresas "Virgen", p.192

Sangría de Vino Tinto, p.189

Batido de Frutas Naturales, p.187

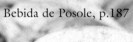

Café Cubano con Espumita, p.188

Coquito, p.187

Café de Las Islas, p.190

Bebida de Posole, p.187

Plaza del Mercado de Santurce,
Puerto Rico, circa 1976.

INTRODUCCION

LO QUE DEBE SABER SOBRE LAS GRASAS Y EL COLESTEROL

Para mantener una buena salud no se recomienda eliminar totalmente la grasa de nuestra dieta ya que nuestro cuerpo necesita de cierta cantidad de grasa. Lo que se recomienda es ingerirlas con moderación de acuerdo a los límites establecidos en las tablas de nutrición por las autoridas médicas.

QUE ES LA GRASA

La grasa es un nutriente necesario para el buen funcionamiento de nuestro organismo. Es el factor más importante en una dieta cuando no referimos a contro de peso, por lo que se recomienda que si usted quiere perder peso, cuente la cantidad de gramos de grasa que ingiere, no solamente las calorías.

La grasa contiene nueve (9) calorías por gramo, lo cual es más del doble de las calorías que proporcionan las carbohidratos y las proteínas. Por lo tanto, cuando uno consume menos grasa en su deita, el totoal de calorás es menor.

QUE ES EL COLESTROL

Es una sustancia grasosa que encuentra en la sangre. El colesterol proviene de nimal la sasa y dietas altas en grasas saturadas como la manteca, la mantequilla, y comidas fritas. El huevo las uísceras son antos en colestrol. Muchas personas piensan que si tienen el colesterol alto, es porque comen alimentos altos en colesterol, pero lo que sucede con más frecuencia es que comen alimentos ricos en grasas saturadas. la acumulación de esta sustancia en las arterias puede llegar a tupirlas y causar serias enfermedades cardíacas y coronarias que, de no atenderse, pueden tener consecuencias fatales.

LOS TRES TIPOS DE GRASAS: LAS MONOINSATURADAS, LAS POLIINSATURADAS Y LAS SATURADAS

La diferencia entre los tres tipos de grasa es la cantidad de hidrógenos quecada una contiene en la cadena molecular. Es decir, las monoinsaturadas tienenun sólo hidrógeno, las poliinsaturadas tienen varios. La saturada, como el nombre lo implica, está totalmente saturada de hidrógeno y esto le hace al organismo mucho más difícil la función de procesarla. De ahí el riesgo que existe que al no poder procesarse, esta grasa se vaya acumulando en las arterias, aumente el nivel de colesterol y el riesgo de enfermedades coronarias. Este es el tipo de grasa, más peligroso.

La grasa monoinsaturada es líquida a temperatura ambiente. Se encuentra en los aceites de oliva, canola, en las nueces y en el aguacate (palta.). Esta grasa es la mejor porque puede ser beneficiosa para la salud en general, muy especialmente para el corazón, siempre que se incluya en una dieta donde se hayan reducido los niveles de grasa. De este grupo, el aceite de oliva sobresale como una de las grasas monoinsaturadas con más propiedades benéficas para la salud.

La grasa poliinsaturada se encuentra, por lo regular, en estado líquido a temperatura ambiente y se encuentra en el aceite de maíz, de soya y de girasol. También se considera una grasa buena cuando forma parte de una dieta donde se han reducido los niveles de grasa.

La grasa saturada es normalmente sólida a temperatura ambiente. Se encuentra en la manteca de cerdo o vegetal, la piel o cuero de los animales, las carnes rojas altas en grasa, mantequilla y otros productos lácteos no desgrasados, yema del huevo, aceite de palma y de coco.

Las grasas son nutrientes que forman parte de Las Listas de Intercambio de Alimentos (ver paga 43).

Las Listas de Intercambio de Alimentos son la base de un sistema de planificación de comidas diseñado por un comité de la Asociación Americana de la Diabetes y la Asociación Dietética Americana. apesar de que han sido inicialmente diseñadas para personas con diabetes y otras que deban seguir dietas especiales, las Lista de Intercambio de Alimentos están basadas en principios de buena nutrición que aplican a todo el mundo. Copyright (1995) por la Asociación Americana de la Diabetes y la Asociación Dietética Americana.

Para mayor información acerca del mejor plan de alimentación para usted, llame a un(a) dietista registrado(a) (RD), a la línea directa sin cargo de la American Dietetic Association y el National Center for Nutrition and Diebetics: (800) 366-1655, o la American Diabetics Association: (800) 232-3472.

COMO CALCULAR LA GRASA QUE DEBE COMER DIARIAMENTE

La mayoría de los médicos y nutricionistas recomiendan ingerir grasas en una cantidad no mayor de un 30% del total de calorías diarias en su dieta. Para calcular cual es el 30% de gramos de grasa que como promedio se debe ingerir diariamente, divida el total de calorías entre tres (3) y quítele el último dígito.

EJEMPLO:

1200 ENTRE 3 = 40Ø(TACHAR EL ULTIMO 0)= 40

Lo que debe ingerir será 40 gramos de grasa al día.

Si termina en número fraccionario, elévelo al próximo número.

EJEMPLO:

2000 ENTRE 3= 666.66= 66 = 66 GRAMOS DE GRASA AL DIA.

TABLA DE PESOS Y MEDIDAS

La cantidad de grasa y calorías necesarias que se deben ingerir diariamente depende de la estatura, peso, edad y nivel de actividad física. Mantener los parámetros de estas cantidades nos da la pauta de la moderación que debemos tener al comer.

Para mantener un peso adecuado es necesario comer las calorías adecuadas. Para tener una idea de lo que debe pesar, calcule mil calorías por cada cinco pies y añada cien calorías por cada pulgada. Por ejemplo, una mujer de cinco pies y dos pulgadas de estatura debe ingerir, como promedio, mil doscientas calorías diarias. Un hombre de cinco pies y ocho pulgadas de estatura debe ingerir, como promedio, mil ochocientas calorías diarias.

$$5"2 = 1,000 + 200 = 1,200 \text{ calorías} \qquad 5"8 = 1,000 + 800 = 1,800 \text{ calorías}$$

ESTATURA	PESO/HOMBRES	PESO/MUJERES
5"0"	---	98-127
5"1"	105-134	101-130
5"2"	108-137	104-134
5"3"	111-141	107-138
5"4"	114-145	110-142
5"5"	117-149	114-146
5"6"	121-154	118-150
5"7"	125-159	122-154
5"8"	129-163	126-159
5"9"	133-167	130-164
5"10"	137-172	134-169
5"11"	141-177	---
6"0"	145-182	---
6"1"	149-187	---
6"2"	153-192	---
6"3"	157-197	---

Tenga presente que las calorías que ingiere de más, se acumulan si no se ejercitan. Un exceso de más de quinientas calorías al día de lo que debe ingerir, suma tres mil quinientas calorías a la semana, que es lo que equivale a una libra de grasa.

Recuerde bien esta ecuación: 3500 calorías = 1 libra de grasa

Obtenida del Servicio de Información Nutricional del Departamento de Agriculturade Estados Unidos, Boletín #364.

PIRAMIDE ALIMENTARIA GUIA DIARIA DE SELECCION DE ALIMENTOS

● Grasa natural de los alimentos y añadida

✳ Azúcar añadida

Estos símbolos equivalen a la grasa y a el azúcar en los alimentos. Provienen mayormente del grupo de grasas y dulces. Pero los alimentos de los otros grupos, como el queso y el helado del grupo de la leche y las papitas fritas del grupo de los vegetales, también pueden tener grasas y azúcar añadida.

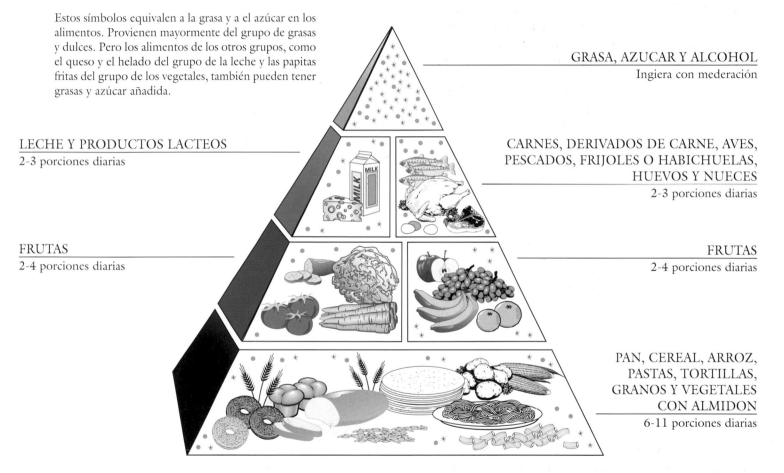

GRASA, AZUCAR Y ALCOHOL
Ingiera con mederación

LECHE Y PRODUCTOS LACTEOS
2-3 porciones diarias

CARNES, DERIVADOS DE CARNE, AVES, PESCADOS, FRIJOLES O HABICHUELAS, HUEVOS Y NUECES
2-3 porciones diarias

FRUTAS
2-4 porciones diarias

FRUTAS
2-4 porciones diarias

PAN, CEREAL, ARROZ, PASTAS, TORTILLAS, GRANOS Y VEGETALES CON ALMIDON
6-11 porciones diarias

Las Listas de Intercambio de Alimentos son la base de un sistema de planificación de comidas diseñado por un comité de la Asociación Americana de la Diabetes y la Asociación Dietética Americana. apesar de que han sido inicialmente diseñadas para personas con diabetes y otras que deban seguir dietas especiales, las Lista de Intercambio de Alimentos están basadas en principios de buena nutrición que aplican a todo el mundo. Copyright (1995) por la Asociación Americana de la Diabetes y la Asociación Dietética Americana.

Para mayor información acerca del mejor plan de alimentación para usted, llame a un(a) dietista registrado(a) (RD), a la línea directa sin cargo de la American Dietetic Association y el National Center for Nutrition and Diebetics: (800) 366-1655, o la American Diabetics Association: (800) 232-3472.

TABLA DE ALIMENTACION DIARIA

Para mantener una buena salud se recomienda comer de una forma balanceada incluyendo en nuestra dieta todos los grupos de alimentos. La cantidad de cada categoría de alimento que se ingiera debe estar en proporción a la estatura, peso, edad, actividad física y condición de salud de cada persona. Consulte con un médico o nutricionista.

TOTAL DE CALORIAS	FRECUENCIA DIARIA CON QUE SE DEBEN INGERIR LOS ALIMENTOS					TOTAL DE GRAMOS DE GRASA
	ALMIDON	FRUTAS	VEGETALES	LECHE Y PRODUCTOS LACTEOS	CARNES, DERIVADOS DE CARNE, AVES, PESCADOS Y MARISCOS, FRIJOLES, NUECES Y HUEVOS**	
1,200	6	3	3	2	4oz	40
1,500	7	3	3	2	5oz.	50
1,800	8	4	3	2	6oz.	60
2,000	9	4	4	3	6oz.	67
2,200	11	4	5	3	8oz.	73

** Las autoridades médicas recomiendan ingerir huevos naturales no más de tres veces en semana, pero el sustituto de huevo, como tiene muy poca grasa, no le aplica esta restricción. Otras recomendaciones incluyen:

• Limitar carnes rojas a tres veces por semana

• Comer pescado dos veces por semana como mínimo

• Comer mariscos más libremente, ya que contienen un mínimo de grasa y colesterol

• Buscar más fuentes de proteínas en frijoles y nueces

• Las nueces se deben comer con moderación porque tienen un alto contenido de grasa y calorías

Las Listas de Intercambio de Alimentos son la base de un sistema de planificación de comidas diseñado por un comité de la Asociación Americana de la Diabetes y la Asociación Dietética Americana. A pesar de que han sido inicialmente diseñadas para personas con diabetes y otras que deban seguir dietas especiales, las Listas de Intercambio de Alimentos están basadas en principios de buena nutrición que aplican a todo el mundo.Copyright (1995) por la Asociación Americana de la Diabetes y la Asociación Dietética Americana.

Para mayor información acerca del mejor plan de alimentación para usted, llame a un(a) dietista registrado(a) (RD), a la línea directa sin cargo de la American Dietetic Association y el National Center for Nutrition and Dietetics: (800) 366-1655, o la American Diabetes Association: (800) 232-3472.

UNA ACLARACION IMPORTANTE SOBRE LOS MARISCOS

Aunque la cantidad de grasa que contienen los mariscos es ínfima, hasta hace poco se creía que contenían un alto grado de colesterol. Sin embargo, estudios recientes han demostrado que este dato no era correcto, hubo un error de cálculo debido a que los métodos e instrumentos de medir que se usaban eran inadecuados. Hoy, los científicos nos aseguran que los mariscos están entre las carnes animales de menos contenido de colesterol. Hay algunos mariscos como el camarón, el cangrejo y la langosta que tienen más colesterol que otros moluscos, como la almeja, la vieira y el mejillón, pero de todas maneras, como punto de comparación, el colesterol en 3 oz. de mariscos equivale al de 4 oz. de pechuga de pollo sin piel.

EL HUEVO NATURAL Y EL HUEVO DESGRASADO

Cada huevo tiene aproximadamente 75 calorías y 5.1 gramos de grasa. Las claras tienen 17 calorías y 0 gramos de grasa. Las yemas tienen 59 calorías y 5.1 gramos de grasa. Es bueno aclarar que el sustituto de huevo no es "huevo sintético" como creen muchas personas. El sustituto de huevo es huevo natural al que se le ha extraído la grasa. Quizá el nombre no le hace mucha justicia. Lea bien la etiqueta del paquete de cada fabricante, para cerciorarse de sus componentes nutricionales.

Las recetas de este libro que llevan huevo están hechas, en su gran mayoría, con sustituto de huevo líquido o huevo natural desgrasado. Cada huevo sustituto tiene 30 calorías y 0 gramos de grasa. Pero si usted no encuentra este ingrediente en su localidad, trate entonces de usar, en lo posible, más claras y menos yemas en sus recetas.

LA SAL, EL AZUCAR Y EL ALCOHOL COMO FACTOR ES DE RIESGO

En este libro, estamos enfocando principalmente las diferentes medidas que usted puede tomar para reducir las grasas y el colesterol de su dieta en pos de una vida más saludable. Pero veamos también los riesgos que la sal, el azúcar y el alcohol pueden presentar en detrimento de la salud de personas con alguna condición o cuando se ingieren en exceso.

LA SAL

La presión arterial alta es uno de los asesinos más grandes del ser humano y la ingestión de sal puede empeorar esta condición. Si tiene presión alta y no lo sabe, o si lo sabe, pero no toma los medicamentos y come con sal, está promoviendo un derrame cerebral o un ataque cardíaco.

También hay otras condiciones físicas en las que también los médicos recomiendan restringir la sal, por ejemplo, cuando la retención de líquidos en las mujeres embarazadas puede ser riesgosa.

Si su médico o nutricionista le recomienda reducir la sal en su dieta, debe saber que los productos que por lo general tienen un contenido más alto de sal son los productos procesados y envasados (de lata, de paquete o congelados, incluyendo los "TV dinners"), exceptuando frutas y vegetales frescos congelados, que normalmente no le añaden sal al empacarlos. Para limitar o eliminar la sal de su dieta, deberá entonces suprimir la misma cuando prepare sus comidas y evitar los productos empacados, a menos que indiquen en la etiqueta que no contienen sodio o que tienen una cantidad mínima.

Hay varios sustitutos de sal en el mercado que pueden ayudarle a dar más sabor a su comida, y desde el luego, hay una inmensa variedad de especias y aderezos que se pueden utilizar sin añadir sal.

El promedio de gramos de sodio que se debe ingerir está en directa relación a la cantidad de calorías que contiene su dieta. Por ejemplo: Si usted ingiere 2000 calorías diarias, una dieta baja en sal puede contener 2,000 miligramos de sodio, que es igual a 2 gramos o una cucharadita de sal.

2,000 miligramos = 2 gramos = 1 cdta.

Acuérdese que el total de esta cucharadita de sal lo compone la sal que contiene los alimentos más la sal que usted le agrega a sus comidas.

Una dieta alta en sal sobrepasa los 3,500 miligramos de sodio diarios.

EL AZUCAR

El azúcar es el endulzante ideal de nuestros postres y bebidas. También se usa en la preparación de algunos guisos y salsas. Hay muchísimas variedades de azúcar que se derivan de diferentes fuentes. Por ejemplo, hay azúcar de caña, de remolacha de alcohol, etc. Está la miel de abejas y hay siropes que se derivan del maíz y del arce. Muchas frutas y jugos naturales contienen azúcar y hay otras formas de azúcar que se obtienen procesando diferentes almidones.

Las variedades de azúcar más comunes son la blanca refinada, la morena y la blanca pulverizada.

Las personas que padecen de diabetes o que por alguna condición el médico les recomienda una dieta baja en azúcar deben entonces utilizar sustitutos de azúcar para endulzar sus comidas.

Hay diferentes tipos de sustitutos de azúcar pero éstos no le imparten el color dorado ni la consistencia que el azúcar le dá a muchos postres. Hay muchos sustitutos de azúcar que se tornan amargos cuando se calientan. Siempre lea las instrucciones de cada fabricante para utilizarlos de acuerdo a sus recomendaciones. Pruebe diferentes marcas hasta encontrar las que le gusten más según el uso que le vaya a dar.

Si usted tiene alguna condición especial por la que tiene que restringir el azúcar de su dieta, consulte a su médico o nutricionista y manténgase dentro de los márgenes que ellos le indiquen.

EL ALCOHOL

Las bebidas alcohólicas se pueden tomar ocasionalmente con moderación. Si usted va a conducir un automóvil evite ingerir bebidas alcohólicas, pues ya es de todos sabido los accidentes que puede causar.

Si usted tiene alguna condición por la que el médico le limita la ingestión de alcohol, siga sus instrucciones. Si toma algún mediacamento infórmese de su interacción o efecto secundario con bebidas alcohólicas.

UN MENSAJE ESPECIAL PARA LOS DIABETICOS

El número de personas que padecen de obesidad y de diabetes ha aumentado mucho en los últimos años. Las diferentes autoridades de Salud Pública, médicos y nutricionistas están recomendando con más insistencia que nunca el cuidar de nuestra dieta y limitar los excesos que producen el sobrepeso, la obesidad y otras enfermedades y padecimientos serios tales como: alta presión, enfermedades coronarias, enfermedades del corazón, diabetes y otras que ponen a las personas que las padecen dentro de un grupo de alto riesgo.

Cada diabético tiene necesidades individuales muy específicas relacionadas con sus medicamentos y dosis de insulina, la cantidad de ejercicio que deben hacer, así como la restricción de azúcar y otros nutrientes de su dieta.

Entre las cosas que más recomiendan los médicos están:

• Restringir el azúcar de la dieta.

• Controlar el peso mediante una dieta baja en grasa pero balanceada y nutritiva que incluya todos los grupos alimentarios siguiendo las pautas establecidas en la Pirámide Alimentaria y las Listas de Intercambio de Alimentos.

• Ingerir algo ligero o "picar" entre comidas para evitar los cambios bruscos de contenido de glucosa en la sangre de alto a bajo que pueden ocurrir al tener muchas horas el estómago vacío.

• Utilizar comidas con alto contenido de fibras como frutas, granos y vegetales.

• Usar la sal en niveles mínimos.

DE MI COCINA no fue específicamente diseñado para la población diabética, pero la filosofía culinararia detrás de esta colección de recetas es reducir el contenido de grasa de las mismas a un mínimo sin sacrificar su sabor, por lo tanto, la gran mayoría de ellas - con la excepción de aquellas a las que no se les pueda sustituir su contenido de azúcar natural por endulzante artificial- pueden ser incluídas en el menú de una persona diabética, utilizándolas dentro de un plan que siga las pautas de la Pirámide Alimentaria y los Grupos de Intercambios de Alimentos bajo la supervisión de un médico y/o un nutricionista.

Hay algunos postres que sin embargo, han sido elaborados sin añadirle azúcar, usando endulzante artificial, como los merenguitos dietéticos, las manzanas asadas y el mousse de frutas.

Los postres siguientes también se pueden incluir en un menú para diabéticos sustituyendo su contenido de azúcar por endulzante artificial: budín de pan y frutas secas, pastel de manzana en hojaldre, natilla, crema batida II, crepes rellenos de fruta y mermelada. En el caso de los crepes básicos rellenos de fruta, únteles mermelada sin azúcar. La crema batida instantánea (comercial) que usamos en otros postres tiene 2 gramos de azúcar por cada 2 cucharadas. Si usted es diabético consulte si la puede usar en su dieta.

Hay muchas bebidas que también se pueden preparar con endulzante artificial.

Muchas de las salsas, cuando el azúcar no es parte de la consistencia o densidad de las mismas, se pueden preparar con endulzante artificial, pero si van a cocinarse, escoja bien su endulzante para que el mismo no se amargue con las temperaturas altas y de ser posible, añádalo al final de la cocción.

LISTAS DE GRUPOS DE INTERCAMBIO DE ALIMENTOS

Las listas de intercambios se componen de alimentos que contienen un valor nutritivo similar. Cada porción de alimento de una lista contiene aproximadamente la misma cantidad de carbohidratos, proteínas, grasas y calorías. Por eso, cualquier alimento de una lista Puede ser "intercambiado" por cualquier otro alimento de la misma lista. Por ejemplo, en el desayuno usted puede intercambiar una rebanada de pan por media (1/2) taza de cereal cocido. Cada uno de estos alimentos equivale a un intercambio de almidones.

GRASAS

LISTA DE GRASAS MONOINSATURADAS

Un intercambio equivale a 5 gramos de grasa y 45 calorías

Aceite de canola, oliva, maní (cacahuate) . . . . . . .1 cucharadita

Aceitunas:
Maduras (negras) . . . . .8 grandes
Rellenas, verdes* . . . . .10 grandes
Aguacate (palta), mediano . . . . .1⁄8 (1 oz.)
Crema de maní (cacahuate) . . . . .2 cucharaditas

Nueces:
Almendras, anacardo o cajuil (cashew) 6
Cacahuates/ maníes 10
Mixtas (50% cacahuates/ maníes) 6
Pacana (pecans), nuez lisa . . . . .4 mitades
Pasta de Tahini o pasta de ajonjolí . . . . .2 cucharaditas
Semillas de ajonjolí/ sésamo . . . . .1 cucharada

* 400 mg o más de sodio en cada intercambio.

LISTA DE GRASAS POLIINSATURADAS

Un intercambio equivale a 5 gramos de grasa y 45 calorías

Aceite de maíz, girasol, soya . . . . .1 cucharadita
Aderezo para ensaladas:
Bajo en grasa . . . . .2 cucharadas
Regular* . . . . .1 cucharada
Margarina:
Baja en grasa (30 % a 50% aceite vegetal) . . . . . . .1 cucharada
En barra, suave o líquida 1cucharadita
Mayonesa:
Baja en grasa . . . . .1 cucharada
Regular . . . . .1 cucharadita
Nueces (de nogal) (walnuts), inglesas . . . . .4 mitades
Semillas de (calabaza y de girasol) . . . . .1 cucharada

* 400 mg o más de sodio en cada intercambio.

LISTA DE GRASAS SATURADAS*

Un intercambio equivale a 5 gramos de grasa y 45 calorías

Aceite/ manteca de coco . . . . .1 cucharadita
Mondongo de Cerdo
(Chitterlings), cocidos . . . . .2 cucharadas (1 oz.)
Coco, endulzado, rallado 2cucharadas
Crema "half & half" .2 cucharadas
Crema agria:
Baja en grasa . . . . .3 cucharadas
Regular . . . . .2 cucharadas
Grasa de lomo de cerdo o "salt pork" (vea más abajo)**
Grasa de tocino/ tocineta . . . . .1 cucharadita
Manteca vegetal o animal . . . . .1 cucharadita
Mantequilla:
Baja en grasa . . . . .1 cucharada
Barra . . . . .1 cucharadita
Batida . . . . .2 cucharaditas
Queso crema:
Bajo en grasa .2 cucharadas (1 oz.)
Regular . . . . .1 cucharada (½ oz.)
Tocino, tocineta, cocido . . . . .1 lonja (20 lonjas/lb)

*Las grasas saturadas pueden elevar el nivel de colesterol en la sangre.

**Si va a comer la grasa de lomo de cerdo cocida con verduras/ vegetales, use un pedazo de 1"x 1"x ¼". Si va a usar la grasa para darle sabor a las verduras/ vegetales use un pedazo de 2"x 2"x ½", asegurándose de quitar la grasa antes de comer las verduras/ vegetales.

CLASIFICACION DE CARNES, DERIVADOS DE CARNE, AVES, PESCADOS Y MARISCOS SEGUN SU CONTENIDO DE GRASA

La carne y los sustitutos de carne que contiene tanto proteína como grasa se encuentran en esta lista. En general, un intercambio de carne equivale a:

- 1 onza de carne, pescado, aves o queso.
- ½ taza de frijoles/ habichuelas/ judías, chícharos/ guisantes/ arvejas y lentejas.

Las carnes se pueden dividir en cuatro categorías: **muy bajo, bajo, moderado y alto contenido de grasa.** Guiándose por la siguiente tabla usted podrá darse cuenta cuáles contienen la menor cantidad de grasa. Una porción promedio tiene aproximadamente cuatro onzas. Las porciones de esta tabla son de una onza.

	GRAMOS DE GRASAS	CALORÍAS
Muy bajo contenido de grasa	0 - 1	35
Bajo contenido de grasa	3	55
Mediano contenido de grasa	5	75
Alto contenido de grasa	8	100 - 150

MUY BAJO CONTENIDO DE GRASA

Un intercambio equivale a 0 gramos de carbohidratos, 7 gramos de proteínas, 0 a 1 gramos de grasa y 35 calorías.

Pollo o pavo (carne blanca sin piel), codorniz (sin piel)

Animales de caza: Avestruz, pato o faisán (sin piel), venado, buffalo

Mariscos: Almejas, vieiras, camarón, cangrejo, imitación de carne de cangrejo, mejillones, langosta

Pescados: Lenguado, bacalao, trucha, abadejo, merluza, pargo, atún fresco, atún enlatado en agua.

Productos lácteos y derivados con un gramo de grasa o menos por onza.

Embutidos con un gramo de grasa o menos por onza.

Claras de huevo

Sustituto de huevo

Fiambres rebanadas muy finas que contengan un gramo de grasa o menos por onza.

BAJO CONTENIDO DE GRASA

Un intercambio equivale a 0 gramos de carbohidratos, 7 gramos de proteínas, 3 gramos de grasa y 55 calorías.

Aves: pato o ganso doméstico (sin piel) con la grasa bien escurrida, pollo o pavo (carne oscura sin piel).

Animales de caza: conejo, ganso (sin piel)

Cerdo: chuletas de lomo, cortes con bajo contenido de grasa, (tenderloin), jamón fresco, hervido, curado o enlatado

Tocienta canadiense (Canadian bacon)

Cordero: asado, chuleta, pierna (limpio de grasa)

Ternera: asada, chuleta, con bajo contenido de grasa (limpio de grasa)

Res: Carnes con bajo contenido de grasa. En Estados Unidos estas carnes se clasifican como "select"o "choice", por el

Departamento de Agricultura (USDA), con la grasa removida tales como bistecs de "round", "sirloin", "flank", "tenderloin", carne para asar "rib", "chuck" y otras.

Hígado y corazón (altos en colesterol)

Fiambres: Embutidos y carnes procesadas con tres gramos de grasa o menos por onza tales como el pastrami o "kielbasa"de pavo

Perros calientes con tres o menos gramos de grasa por onza

Pescado: Salmón (fresco o enlatado), sardinas enlatadas en aceite, escurridas, bagre("catfish"), atún enlatado en aceite, escurrido, arenque sin ahumar

Mariscos; ostiones (seis medianas)

MEDIANO CONTENIDO DE GRASA
Un intercambio equivale a 0 gramos de carbohidratos, 7 gramos de proteínas, 5 gramos de grasa y 75 calorías.

Aves de corral: Pavo o pollo molido, pollo (carne oscura) con piel, pollo frito (con piel)

Cerdo: Chuleta, "cutlet", el "top loin", "Boston butt"

Res: La mayoría de las carnes cae dentro de esta categoría, carne tipo "prime", carne molida, "prime rib" con la grasa removida, "corned beef", (carne de res conservada con sal y azúcar), costillas, (short ribs), rollos de carne (meatloaf)

Ternera: Molida en pedacitos sin empanizar "cutlet"

Chorizos con cinco gramos de grasa o menos por onza

Huevos, yemas (no más de tres por semana)

Leche de soya

Quesos, ricotta o mozzarella, con bajo contenido en grasa ("skim" o "part skim")

Fiambres 86% sin grasa

ALTO CONTENIDO DE GRASA
Un intercambio equivale a 0 gramos de carbohidratos, 7 gramos de proteínas, 8 gramos de grasa y 100 calorías.

Res: costilla, "corned beef", cortes tipo "prime"

Cerdo: carne molida, costillas, chorizo

Quesos: todos los quesos sin desgrasar siendo los cremosos los de mayor contenido de grasa

Tocineta: (bacon), tocino, pancetta, tres rebanadas gruesas (20 rebanadas por libra)

Embutidos y fiambres: "bologna", salami, "pimiento loaf", hot dog, salchicha, "knockwrust", "frankfurter"

Mantequilla de maní: (cacahuate), aunque es de origen vegetal, contiene grasa saturada cuando está envasado comercialmente.

Manteca

Mantequilla

LISTA DE LECHE

En esta lista se encuentran diferentes tipos de leche y productos lácteos. Los quesos se encuentran en la lista de carnes y la crema y otros productos se encuentran en la lista de grasas. Según su contenido de grasa, la leche está dividida en: leche descremada/ muy bajo contenido de grasa, leche con bajo contenido de grasa, y leche entera/ integral.

Un intercambio equivale a 12 gramos de carbohidratos y 8 gramos de proteínas.

LECHE DESCREMADA Y LECHE MUY BAJA EN GRASA
(0-3 gramos de grasa en cada porción)

Leche agria (buttermilk)
sin grasa o baja en grasa . . . . .1 taza
Leche con ½% de grasa . . . . .1 taza
Leche con 1% de grasa . . . . .1 taza
Leche descremada (skim) . . . . .1 taza
Leche en polvo sin grasa . . . . .⅓ taza
Leche evaporada descremada . . . . .½ taza
Yogurt simple sin grasa . . . . .¾ taza
Yogurt sin grasa o bajo en grasa con
sabor de fruta, endulzado con aspartame
o con endulcolorante artificial no nutritivo . . . . .1 taza

LECHE BAJA EN GRASA
(5 gramos de grasa en cada porción)
Leche con 2% de grasa . . . . .1 taza
Leche no agria con acidófilos (acidophillus milk) . . . . . .1 taza
Yogurt simple bajo en grasa . . . . .¾ taza

LECHE ENTERA/ INTEGRAL
(8 gramos de grasa en cada porción)
"Kefir" (similar al yogurt líquido) . . . . .1 taza
Leche de cabra . . . . .1 taza
Leche entera/ integral . . . . .1 taza
Leche entera/ integral, evaporada . . . . .½ taza

LISTA DE VERDURAS/ VEGETALES

Las verduras/vegetales que contienen cantidades pequeñas de carbohidratos y calorías están en esta lista. Las verduras/vegetales contienen nutrientes importantes. Trate de comer por lo menos 2 o 3 porciones todos los días. En general, un intercambio de verdura/vegetal equivale a:

- ½ taza de verdura cocida o jugo de verdura

- 1 taza de verduras/vegetales crudos

Si usted come 1 o 2 verduras/vegetales o jugo de verdura en una comida o como bocadillo ("snack"), no tiene que contar las calorías o carbohidratos porque las verduras/vegetales contienen cantidades muy pequeñas de éstos.

Un intercmbio equivale a 5 gramos de carbohidratos, 2 gramos de proteínas, 0 gramos de grasa y 25 calorías.

Alcachofa

Apio

Berenjena

Berros

Betabel/ remolacha

Brécol/ Bróculi

Brotes de frijol/ frijol germinado (sprouts)

Calabacitas/ calabacines (zucchinni)

Calabaza (summer squash)

Calabaza, Auyama

Cebolla

Cebollines

Chayote

Col agria/ "sauerkraut"*

Col/ repollo

Coles de Bruselas

Coliflor

Colinabo (kohlrabi)

Corazones de alcachofa

Ejotes/ habichuelas (verdes, amarillos o "wax", italianos)

Espárrago

Espinaca

Hojas verdes de: col rizada, mostaza nabo (greens)

Hongos/ champiñones

Jitomate/ tomate

Jitomate/ tomate enlatado

Jugo de jitomate/ tomate y verduras/ vegetales (V-8)*

Lechugas para ensaladas (todas las variedades)

Nabos

Pepino

Pimientos verdes y rojos (todas las variedades)

Porro/ puerro (leeks)

Quimbombó (okra)

Rábanos

Salsa de jitomate/ tomate *

Vainas de chícharo/ de guisante/ de arveja (pea pods)

Verduras/ vegetales mixtos (sin elote/ maíz, chícharos/ guisantes/ arvejas o pasta)

Castañas de agua (Water chestnuts)

Zanahoria

*400 mg o más de sodio en cada intercambio.

LISTA DE FRUTAS

La fruta fresca, congelada, enlatada, seca y jugos de fruta se encuentran en esta lista. En general, un intercambio de fruta equivale a:

- 1 fruta fresca pequeña o mediana.

- ½ taza de fruta enlatada o fruta fresca, o jugo de frutas.

- ¼ taza de fruta seca.

Un intercambio equivale a 15 gramos de carbohidratos y 60 calorías. El peso incluye cáscara, el centro, las semillas y la pulpa.

FRUTA

Arándanos se refiere a una variedad
de plantas de fruto en bayas,
de color rojo (cranberries)
o azul (blueberries) .¾ taza
Cerezas dulces enlatadas . . . . .½ taza
Cerezas dulces frescas . . . . .12 (3 oz.)
Chabacano/ albaricoque. fresco . . . . .4 enteros (5½ oz.)
Chabacano/ albaricoque enlatado . . . . .½ taza
Chabacano/ albaricoque seco . . . . .8 mitades
Ciruela enlatada . . . . .½ taza
Ciruela pasa 3
Ciruela pequeña 2 (5oz.)
Cocktail de frutas .½ taza
Dátiles 3
Durazno/ melocotón enlatado . . . . .½ taza
Durazno/ melocotón mediano, fresco 1 (6oz.)

Frambuesas . . . . .1 taza
Fresas enteras .1¼ taza
Guanábana . . . . .4 oz.
Guayaba . . . . .1 pequeña
Higos frescos . . . . .1½ grande o 2 medianos (3½ oz.)
Higos secos 1½
Kiwi . . . . .1 (3½ oz.)
Mandarina 2 (8oz.)
Mandarina enlatada . . . . .¾ taza
Melón ("cantaloupe")
pequeño . . . . .⅓ melón (11 oz.) ó 1 taza en cubitos
Melón ("honeydew") . . . . . . .1 rebanada ó 1 taza en cubitos
Naranja/china pequeña . . . . .1 (6½ oz.)
Nectarina pequeña . . . . .1 (5 oz.)
Papaya . . . . .½ fruta (8oz.) ó 1 taza en cubitos
Pasitas/ uvas pasas . . . . .2 cucharadas
Pera enlatada . . . . .½ taza
Pera grande fresca . . . . .½ (4 oz.)
Piña enlatada . . . . .½ taza
Piña fresca . . . . .3/4 taza
Plátano/ banano/ guineo pequeño . . . . .1 (4 oz.)
Puré de manzana, sin endulzar . . . . .½ taza
Sandía . . . . .1 rebanada (13½ oz.)ó 1¼ taza en cubitos
Toronja/ pomelo en secciones, enlatada . . . . .3/4 taza
Toronja/ pomelo grande . . . . .½ (11oz.)
Uvas pequeñas .17 (3oz.)
Zarzamoras (blackberries) . . . . .¾ taza

JUGOS DE FRUTA

Cocktail de jugo de arándano
(cranberry juice coctail) .⅓ taza
Jugo de piña . . . . .½ taza
Cocktail de jugo de arándano,con calorías reducidas . . . .1 taza
Jugo de toronja/ pomelo . . . . .½ taza
Jugo de ciruela pasa . . . . .⅓ taza
Jugo de uva . . . . .⅓ taza
Jugo de frutas mixtas, 100% jugo de fruta . . . . .⅓ taza
Jugo de maracuyá/ parcha (passion fruit juice) . . . . . .½ taza
Jugo de guayaba, pera, chabacano/ albaricoque . . . . . .½ taza

(continúa)

Jugo de tamarindo . . . . ¾ taza
Jugo de manzana (apple juice/ cider) . . . . ½ taza
Néctares de frutas . . . . ¼ taza
Jugo de naranja/ china . . . . ½ taza

> **Nota:** Si usted es diabético, cuando compre fruta envasada fíjese que la etiqueta diga "no sugar added" (no se ha añadido azúcar) o "unsweetened" (sin endulzar). Esto indica que no se les ha añadido sucrosa (azúcar blanca).

LISTA DE ALMIDONES

Los cereales, granos, pastas, panes, galletas, bocadillos (snacks), verduras/ vegetales que contienen almidón y frijoles /habichuelas/ judías, chícharos/ guisantes/ arvejas y lentejas pertenecen al grupo de los almidones. En general una porción de almidón es :

½ taza de cereal, granos, pasta o verduras/ vegetales altos en almidón.

1 onza de un producto horneado. Por ejemplo: 1 rebanada de pan.

¾ a 1 onza de la mayoría de los bocadillos ("snacks"). (Algunos de los bocadillos "snacks" pueden también tener grasa añadida.)

Un intercambio equivale a 15 gramos de carbohidrato, 3 gramos de proteína,0 gramos a 1 gramo de grasa y 80 calorías

PAN

Bagel . . . . ½ (1oz.)
"English Muffin" . . . . ½
Palitos de pan 4" largo x ½ ancho . . . . 2 (⅔ oz.)
Pan blanco, integral, de centeno
("pumpernickel y rye") . . . . .1 rebanada (1 oz.)
Pan con calorías reducidas . . . . .2 rebanadas (1½ oz.)
Pan con pasas sin "frosting"/glaseado . . . . .1 rebanada (1 oz.)
Pan para hamburguesas o "hot dogs" . . . . .½ (1 oz.)
Pan pita de 6" de diámetro . . . . .1 (1 oz.)
Panecillo simple (roll) pequeño . . . . .1 (1 oz.)
Tortilla de harina de 7" a 8" de diámetro 1 (1oz.)
Tortilla de maíz de 6" de diámetro . . . . .1 (1 oz.)
Cereales no endulzados, listos para comer . . . . .¾ taza
Waffle, un cuadrado de 4½", bajo en grasa 1

VERDURAS/ VEGETALES
QUE CONTIENEN ALMIDON

Calabaza (acorn squash,
butternut squash, pumpkin) . . . . .1 taza
Camote/ batata sin aderezo . . . . ½ taza
Chícharos/ guisantes/ arvejas verdes . . . . ½ taza
Elote/ maíz . . . . ½ taza
Elote/ maíz en mazorca tamaño mediano . . . . .1 (5 oz.)
Frijoles/habichuelas/judías
Cocidos al horno (baked beans) . . . . .⅓ taza
Guineitos verdes cocidos . . . . .½ mediano
Ñame . . . . .2 oz.
Papa, al horno o cocida en agua . . . . .1 pequeña (3 oz.)
Papa, en puré . . . . ½ taza
Plátano macho/ plátano de freír (plantain) . . . . .½ taza
Verduras/ vegetales mixtos con elote/maíz,
Chícharos/ guisantes/ arvejas o pasta . . . . .1 taza
Yautía (tannier o tañer) malanga/ otoe/ cruda . . . . . .¼ taza
Yuca . . . . ¼ taza

CEREALES Y GRANOS

Arroz blanco o integral . . . . ⅓ taza
Avena . . . . ½ taza
Bulgur/ trigo triturado . . . . ½ taza
Cebada cocida . . . . ⅓ taza
Cereal "Grape Nuts" . . . . ¼ taza

(continúa)

Cereal Azucarado (sugar- frosted) . . . . .½ taza
Cereal de trigo "Shredded Wheat" . . . . .½ taza
Cereal inflado . . . . .1½ taza
Cereales secos listos para comer . . . . .½ taza
Cereales de salvado . . . . .½ taza
Cereales no endulzados, listos para comer . . . . .¾ taza
Couscous/ cuscús .⅓ taza
Germen de trigo . . . . .3 cucharadas
Granola baja en grasa . . . . .¼ taza
"Grits" (sémola de maíz) . . . . .½ taza
Harina de trigo (seca) . . . . .3 cucharadas
Harina de maíz (seca) . . . . .3 cucharadas
"Kasha" (buckwheat = trigo sarraceno) . . . . . . .½ taza
Leche de arroz (rice milk) . . . . .½ taza
Millo (millet) . . . . .¼ taza
"Muesli" . . . . .¼ taza
Pastas/ fideos . . . . .½ taza

GALLETAS Y BOCADILLOS ("SNACKS")
Galletas de animalitos .8
Galletas (crackers) de harina integral,
sin grasa añadida . . . . .2-5 (¾ oz.)
Galletas de soda (saltines) 6
Galletas "oyster crackers" 24
Galletas "graham", pedazo de 2½" 3
"Matzoh" . . . . .¾ oz.
"Melba toast" . . . . .4 rebanadas
Palomitas/ rositas de maíz, sin grasa añadida
o bajas en grasa para cocer en microondas . . . . .3 tazas
"Potato chips" o "tortilla chips" sin grasa . . . . .15 a 20 (¾ oz.)
"Pretzels" . . . . .¾ oz.
"Rice cakes" de 4" de diámetro 2

FRIJOLES / HABICHUELAS / JUDIAS / CHICHAROS / GUISANTES / ARVEJAS Y LENTEJAS
(Cuentan como 1 intercambio de almidones, más 1 intercambio de proteínas con muy bajo contenido de grasa)
Frijoles/ habichuelas negras . . . . .½ taza
Frijoles/ habichuelas/ judías
(pintos, colorados, blancos)
Chícharos/ guisantes/ arvejas,
"black eyed peas", y garbanzos . . . . .½ taza
Gandules/ frescos cocidos
(pigeon peas boiled) . . . . .½ taza
Habas verdes "lima beans" . . . . .⅔ taza
Lentejas . . . . .½ taza
"Miso"* . . . . .3 cucharadas

*400 mg o más de sodio en cada intercambio.

ALIMENTOS QUE CONTIENEN ALMIDON, PREPARADOS CON GRASA
(Cuentan como 1 intercambio de almidón y 1 intercambio de grasa)
Biscuit, 2½ de diámetro 1
Cuadritos de pan tostado (croutons) . . . . .1 taza
Fideos "chow mein" . . . . .½ taza
Galletas "crackers" de trigo integran con
Grasa añadida . . . . .4-6 (1 oz.)
Galletas "crackers" en forma de sándwich,
con relleno de queso o de crema
de cacahuate/ maní .3
Galletas "crackers" redondas de mantequilla 6
Granola . . . . .¼ taza
Hotcake/ panqueque/"pancake" de 4 " de diámetro 2
Palomitas/ rocetas de maíz
preparadasen horno microondas . . . . .3 tazas
Pan de harina de maíz, pedazo de 2" . . . . .1 (2 oz.)
Panquecito / molletes / magdalenas/
"muffin" Pequeño . . . . .1 (1½ oz.)
Papas fritas (french fries) . . . . .16-25 (3 oz.)
Relleno de pan para pavo (preparado) . . . . .⅓ taza
Tortilla tostada ("taco bell") de 6" de diámetro 2
Waffle de 4½" de diámetro 1

(continúa)

LISTA DE OTROS CARBOHIDRATOS

Usted puede sustituir alimentos de esta lista por intercambios de almidón, fruta o leche en su plan de alimentación. Algunos de estos también contarán como uno o más intercambios de grasa.

Un intercambio equivale a 15 gramos de carbohidratos, o 1 almidón, o 1 fruta, o una leche.

ALIMENTO	TAMAÑO DE LA PORCION	INTERCAMBIO POR CADA PORCION
Aderezo para ensalada, sin grasa*	¼ taza	1 carbohidrato
Azúcar	1 cucharada	1 carbohidrato
Barra de granola	1 barra	1 carbohidrato, 1 grasa
Barra de granola sin grasa	1 barra	2 carbohidratos
"Brownie" sin "frosting"	pedazo de 2" x 2"	1 carbohidrato, 1 grasa
Conservas para untar/ "fruit spreads" de 100% fruta	1 cucharada	1 carbohidrato
Dona/rosquilla/ "cake doughnut" sin "frosting"	1 mediana (1½ oz.)	1½ carbohidrato, 2 grasas
Dona/rosquilla/ "glazed doughnut"	3¾" de diámetro (2oz.)	2 carbohidratos, 2 grasas
Galleta (cookie) o galleta estilo sandwich con relleno de crema dulce	2 pequeñas	1 carbohidrato, 1 grasa
Galleta (cookie) sin grasa	2 pequeñas	1 carbohidrato
Galletas de jengibre (gingersnaps)	3	1 carbohidrato
Galletas de vainilla (vanilla waffers)	5	1 carbohidrato, 1 grasa
Gelatina regular	½ taza	1 carbohidrato
Helado	½ taza	1 carbohidrato, 2 grasas
Helado bajo en grasa	½ taza	1 carbohidrato, 1 grasa
Helado sin grasa, sin azúcar añadida	½ taza	1 carbohidrato
"Hummus" (garbanzo y ajo molido)	⅓ taza	1 carbohidrato, 1 grasa
Jalea de arándano	¼ taza	1½ carbohidratos
Jarabe/ miel bajo en azúcar	2 cucharadas	1 carbohidrato

400 mg o más de sodio en cada intercambio.

(continúa)

ALIMENTO	TAMAÑO DE LA PORCION	INTERCAMBIO POR CADA PORCION
Jarabe/ miel regular	1 cucharada	1 carbohidrato
Jarabe/ miel regular	¼ taza	4 carbohidratos
Leche entera /integral con chocolate	1 taza	2 carbohidratos, 1 grasa
Mermelada o jalea regular	1 cucharada	1 carbohidrato
Miel de abeja	1 cucharada	1 carbohidrato
Nieve/ sorbete, (sherbet)	½ taza	2 carbohidratos
Paletas heladas de 100% jugo de fruta	1 paleta (3 oz.).	1 carbohidrato
Panecillo dulce (sweet roll) o panecillo "danish" con queso o fruta	1 (2½ oz.)	2½ carbohidratos, 2 grasas
Panquecito/ "cupcake" con "frosting"	1 pequeño	1 carbohidrato, 1 grasa
Papitas fritas (potato chips)	12-18 (1 oz.)	1 carbohidrato, 2 grasas
Pastel/torta/bizcocho "Angel Food Cake" sin "frosting" /glaseado	¹⁄₁₂ de pastel	2 carbohidratos
Pastel/ torta/ bizcocho con frosting"	pedazo de 2" x 2"	2 carbohidratos, 1 grasa
Pastel/ torta/ bizcocho sin "frosting"	pedazo de 2" x 2"	1 carbohidrato, 1 grasa
Pie de calabaza/ zapallo o budín/ pudín	⅛ de pie	1 carbohidrato, 2 grasas
Pie de fruta con pasta arriba y abajo (two crust)	⅛ de pie	3 carbohidratos, 2 grasas
Pudín/ budín regular (preparado con leche baja en grasa)	½ taza	2 carbohidratos
Pudín/ budín, sin azúcar (preparado con leche baja en grasa)	½ taza	1 carbohidrato
Rollitos de fruta (puré de fruta concentrada)	1 rollo (¾ oz.)	1 carbohidrato
Salsa de jitomate/ tomate para espaguetti o pasta, enlatada*	½ taza	1 carbohidrato, 1 grasa
"Tortilla chips"	6-12 (1 oz.)	1 carbohidrato, 2 grasas
Yogurt congelado, sin grasa, sin azúcar añadida	½ taza	1 carbohidrato
Yogurt congelado, sin grasa o bajo en grasa	⅓ taza	1 carbohidrato, 0-1 grasas
Yogurt bajo en grasa con fruta	1 taza	3 carbohidratos, 0-1 grasa

*400 mg o más de sodio en cada intercambio.

(continúa)

LISTA DE ALIMENTOS NO RESTRINGIDOS

Un alimento o bebida no restringido tiene menos de 20 calorías o menos de 5 gramos de carbohidratos por porción. Los alimentos en esta lista, con las porciones indicadas, se deben limitar a tres porciones por día. Si se come las tres porciones al mismo tiempo, pueden afectar el nivel de glucosa en su sangre. Los alimentos que no tienen una porción especificada, se pueden comer sin limitaciones.

ALIMENTOS SIN GRASA O CON GRASA REDUCIDA

Aderezo para ensalada, italiano, sin grasa . . . . . . .2 cucharadas
Aderezo para ensalada, sin grasa . . . . .1 cucharada
Crema agria, sin grasa o con grasa reducida . . . . .1 cucharada
Crema batida artificial, regular o "light" . . . . . . .2 cucharadas
Cremas artificiales ("non-dairy creamers"),en polvo . . . . . . .2 cucharaditas
Cremas artificiales ("non-dairy creamers"), líquida .1 cucharada
Margarina, con grasa reducida . . . . .1 cucharadita
Margarina, sin grasa . . . . .1 cucharada
Mayonesa, con grasa reducida . . . . .1 cucharadita
Mayonesa, sin grasa . . . . .1 cucharada
Miracle Whip con grasa reducida . . . . .1 cucharadita
Miracle Whip sin grasa . . . . .1 cucharada
"Nonstick cooking spray" (grasa en aerosol)
Queso crema, sin grasa . . . . .1 cucharada
Salsa . . . . .¼ taza

ALIMENTOS SIN AZUCAR O BAJOS EN AZUCAR

Caramelos duros, sin azúcar .1
Chicle/ goma de mascar, sin azúcar
Gelatina sin azúcar
Gelatina sin sabor
Jalea o mermelada,
baja en azúcar o "light" . . . . .2 cucharaditas

Jarabe/ miel, sin azúcar . . . . .2 cucharadas
Sustitutos de azúcar*

*Los sustitutos de azúcar que han sido aprobados por la FDA (Administración de Alimentos y Drogas de los EE.UU), se pueden consumir sin riesgo. Algunas marcas comunes incluyen:

- Equal (aspartame)
- Sprinkle Sweet (sacarina)
- Sugar Twin (sacarina)
- Sweet-10 (sacarina)
- Sweet 'n Low (sacarina)
- Splenda (sucralose)

BEBIDAS

Agua mineral o agua gaseosa
Café
"Club soda", cocoa en polvo sin endulzar . . . . . . .1 cucharada
Con sabor de limón ("lemon pepper")
Consomé, caldo*
Consomé o caldo bajo en sal
Mezclas en polvo para refrescos, sin azúcar
Refrescos de dieta, sin azúcar
Té
"Tonic water" o agua quina, sin azúcar

CONDIMENTOS

Catsup (ketchup) . . . . .1 cucharada
Jugo de limón
Jugo de limón verde (lime)
Mostaza
Pepinillos agrios (dill pickles)* . . . . .1½ grande
Rábano picante (horseradish)
Salsa de soya, regular o "light"*
Salsa para tacos . . . . .1 cucharada
Vinagre
Ajo
Especias
Extractos de sabores
Hierbas de olor/ aromáticas, frescas o secas

(continúa)

Pimentón
Salsa Tabasco o salsa picante
Salsa Worcestershire o salsa inglesa
Vinos para cocinar

*400 mg o más de sodio en cada intercambio.

> Tenga cuidado con los condimentos que contengan
> Sodio o sal o que sean sal de apio o ajo y la pimienta
> con sabor de limón (lemon pepper)

Las Listas de Intercambio de Alimentos son la base de un sistema de planificación de comidas diseñado por un comité de la Asociación Americana de la Diabetes y la Asociación Dietética Americana. apesar de que han sido inicialmente diseñadas para personas con diabetes y otras que deban seguir dietas especiales, las Lista de Intercambio de Alimentos están basadas en principios de buena nutrición que aplican a todo el mundo. Copyright (1995) por la Asociación Americana de la Diabetes y la Asociación Dietética Americana.

Para mayor información acerca del mejor plan de alimentación para usted, llame a un(a) dietista registrado(a) (RD), a la línea directa sin cargo de la American Dietetic Association y el National Center for Nutrition and Diebetics: (800) 366-1655, o la American Diabetics Association: (800) 232-3472.

COMO INCLUIR MAS FRUTAS Y VEGETALES EN NUESTRA DIETA

Las frutas y los vegetales son grandes aliados para sentirse más llenos, por más tiempo, al consumir porciones más grandes de los mismos.

1. Consuma ensaladas como plato principal. Utilice las mismas como base, pero añada tres o cuatro onzas de pollo, pavo, atún o quesos sin grasa. Combine las ensaladas con aderezos sin grasa o bajos en grasa (light). También puede usar pasta, arroz, couscous y granos como base para sus ensaladas.

2. Si no tiene mucho tiempo para preparar una ensalada de verduras frescas, aproveche las que vienen pre-empacadas. Siempre use aderezo sin grasa.

3. Combine frutas y vegetales en las ensaladas. Por ejemplo: verduras con trozos de manzanas o piñas, pasitas, etc.

4. Incorpore las frutas como parte del plato de carne.

5. Trate de consumir por lo menos una fruta con cada comida.

6. Si le gustan los postres, prepárelos a base de frutas: bananas acarameladas, manzanas asadas, tartaletas de frutas, fresas con crema, etc.

7. Coma vegetales combinados en porciones generosas, ya sean frescos o congelados, solos o con salsas o cremas sin grasa.

8. Tome sopas y cremas a base de vegetales.

9. Guise o ase los vegetales. Puede prepararlos al pincho con salsa parrillera BBQ, (ver pg. 84).

10. Use crema agria, salsa o quesos sin grasa para complementar una papa asada en vez de la mantequilla o la crema agria regular.

LOS SECRETOS DEL BUEN SABOR

Para cocinar con poca grasa, pero con mucho sabor, las hierbas aromáticas, los condimentos, las especias, la sal, el azúcar, los extractos con sabor artificial, los colorantes vegetales y los cubitos de caldo concentrado juegan un papel muy importante en la cocina. Podemos decir que son nuestros mejores aliados en la preparación de platos apetitosos a la vista y al paladar. Por eso, es bueno que nos familiaricemos con estos ingredientes y sepamos cómo usar mejor su aroma y sabor.

La versatilidad y la potencia de estos ingredientes es tal, que la cantidad y la fuerza del sabor que usted quiera impartir a sus comidas será una cuestión de gusto personal, pero al igual que con los perfumes, es mejor usarlos con discreción.

Usted puede encontrar en el mercado una gran variedad de adobos, hierbas aromáticas y especias de todo el mundo que pueden ser el complemento perfecto para sus comidas, y lo que es más, si le gusta la jardinería, puede cultivar muchas de ellas en su jardín o en pequeños tiestos.

HIERBAS AROMATICAS Y ESPECIAS

ACHIOTE
Utilizado para dar color a guisos y platos de arroz, es carente de sabor y se mezcla con aceite.

AJO
Su sabor es fuerte, pero se suaviza a medida que se va cocinando. Se utiliza machacado o picadito para adobos y sofritos en la preparación de una infinidad de recetas

internacionales. Es la base del alioli. Es muy sabroso mezclado con aceite para untarle al pan. Además, se puede machacar y combinarlo con sal y aceite para hacer adobo casero. Entre su familia está el ajo seco, el silvestre y el ajo puerro, que también puede usarse para guisos. Debe guardarse en un lugar fresco y seco.

ALBAHACA

Es una de las hierbas favoritas en todo el mundo y es la base del pesto genovés. Tiene un aroma especial con sabor a clavo de olor y pimienta. La albahaca común combina con el ajo, el aceite de oliva, el limón, los tomates, salsas de tomate y con otras verduras en las ensaladas. Para realzar su sabor, se recomienda utilizarla fresca y echarla al final de la cocción. Puede congelarse, pero tendrá menos sabor. Para preservarla, puede ponerle sal a las hojas y colocarlas en un recipiente con aceite. Sus hojas son frágiles y se estropean fácilmente. Es mejor cortarlas con la mano en vez de picarlas con un cuchillo. Entre sus variedades están la albahaca violeta, que combina muy bien con ensaladas verdes; la albahaca anís, muy usada en el sudoeste de Asia, y la albahaca canela, con un aroma dulce y muy especial.

ANIS

El anís tiene un sabor marcado, pero suave. Se utiliza mayormente en ensaladas, para condimentar vegetales dulzones y carnes grasosas, como el cerdo, el pato y el cordero. El té de anís estrellado se conoce mucho por sus propiedades digestivas, y de sus semillas se extrae el aceite para hacer licores.

ARUGULA (RUCULA)

El sabor de la arúgula es levemente picante y agradable. Puede utilizar sus hojas enteras y combinar con otras verduras para ensaladas. También puede desmenuzarse para hacer aderezos. Se recomienda no congelarla.

AZAFRAN

De sabor muy sutil, sus pequeños hilos se utilizan para dar color mayormente a los platos de arroz. Es una hierba valiosa.

BIJOL

Nos llegan en forma de polvo y se utiliza para dar color amarillo intenso a los platos de arroz. Es ideal para la paella y el arroz con pollo pero mucho más económico que el azafrán.

CANELA

Dulce y ligeramente picante, la canela es un ingrediente que se utiliza mucho en la preparación de muchos postres. Es ideal en polvo sobre natilla y frutas, y en palitos para hacer almíbar y tés.

CEBOLLITAS CHINAS

Las cebollas tienen una gran variedad dentro de sus especies y su sabor es indispensable a la hora de cocinar. Las cebollitas chinas pueden utilizarse en ensaladas o en platos que sean con carne o para que conserven el sabor de platos cocidos al vapor. Combinan muy bien con quesos cremosos y sopas.

CILANTRO

El cilantro es una de las hierbas preferidas en América Latina. Se recomienda utilizar en cualquier comida y mezcla bien con otros tipos de hierbas o especias. Se destaca su sabor al usarlo como condimento en pescados o frijoles y garbanzos. El cilantro puede lavarse y conservarse refrigerado o congelado.

ENELDO

Su sabor está entre el anís y el limón. Se recomienda utilizar en platos de huevo, con aderezos de crema agria y con pescados y mariscos, especialmente con salmón. Es mejor utilizarlo fresco y al momento final de la cocción para que mantenga su aroma y sabor.

ESTRAGON FRANCES

Su fuerte sabor es pariente del anís, levemente picante. Esta hierba es un clásico de la comida francesa, aunque es muy conocido internacionalmente. Se recomienda utilizar poca cantidad por su firme y penetrante sabor. Se usa como condimento en muchas salsas.

HINOJO

Su sabor tiene un dejo de anís. Se utiliza mayormente para condimentar pescados y sobre papas, granos y vegetales. Sus tallos frescos picaditos se utilizan mucho en ensaladas.

LAUREL

El laurel se usa mayormente en su hoja seca en nuestra cocina latina. Tiene una aroma fresco y suave. El laurel se utiliza en una gran variedad de platos para complementar su sabor, en cremas, en la salsa Bechamel y en postres como la natilla. Se recomienda usar la hoja entera o en pedazos grandes para poder retirarlas al momento de servir. Deben conservarse en un lugar protegido de luz.

LIMONCILLO

Su sabor es una combinación de lima y limón. Ideal para sopas, cocidos, salsas y pasta de curry. Acentúa el sabor de pescados y mariscos. Es bueno combinado con algunas carnes y vegetales. Use sólo la base de los tallos.

MEJORANA

Esta planta es muy allegada al orégano. Tiene un sabor cálido bastante dulce. Es utilizada en infinidad de platos. Se recomienda utilizarlo al final del proceso en la cocina para que no pierda su sabor. Al igual que el orégano, mantiene su frescura por mucho tiempo, pero se debe agregar al final de la cocción.

MENTA

La menta se destaca porque todas sus variedades tienen un sabor y un aroma refrescante. Generalmente se utiliza fresca y su fuerte sabor va bien con diferentes platos de ensaladas y vegetales. De hecho, también es utilizada en entremeses, es ideal para platos de cordero asado y en la preparación de suculentos postres. Entre sus variedades están: la menta piperita, que se usa en la preparación de licores, los productos de confitería y la pasta de dientes; la menta de limón, que se recomienda para ensaladas; y la variedad de menta verde, de aroma y sabor bastante concentrados.

MOSTAZA

Hay muchas variedades y se puede conseguir en grano, en polvo y en aderezo (con o sin semilla). Tiene un picor dulzón muy agradable y es ideal tanto para subrayar el sabor de la carne como el cerdo o el "roast beef", que para untarle al pan de los sandwiches.

OREGANO

Tiene un inconfundible aroma y sabor entre dulce y picante. Tiene una gran variedad de usos. Se utiliza en la mayoría de las recetas italianas, guisos de carnes, pescado, aves, frijoles y como condimento para marinar. Entre las variedades más conocidas están, el orégano cubano y el mexicano, que se combinan con ajíes y chiles. Esta hierba mantiene su aroma en recetas que necesiten mucha cocción.

PEREJIL

Esta hierba tan conocida en nuestra cocina, tiene una variedad enorme de usos en todo tipo de comidas. Su aroma es suave y es utilizado extensamente como condimento. Es parte esencial del tabbouleh del Medio Oriente y del chimi-churri de Argentina. Entre sus variedades están, el perejil italiano de hoja lisa y el perejil crespo, de sabor más fuerte. Por el atractivo color verde de sus hojas rizadas se usa mucho para adornar la presentación final de los platos. Debe agregarse al final de la cocción.

PERIFOLLO

Tiene aroma suave y dulce sabor. Esta hierba es buena de cultivarse porque es un buen complemento para otras hierbas. Debe usarse en vinagretas y salsas. Es bueno en pescados, aves o ternera. Se recomienda usar el perifollo al final de la cocción y fresco, porque seco pierde su sabor.

PIMENTON

De sabor casi indetectable, se usa mucho su polvo para espolvorear sobre las comidas y hacer más atractiva su presentación.

PIMIENTA

Hay muchas variedades como la pimienta negra, la blanca, la de limón, la dulce; pero todas imparten un picante agradable a la comida si se usa con discreción. Es utilizada extensamente lo mismo para marinar carnes, hacer adobos y sofritos, que rallada fresca sobre comidas y ensaladas.

RABANO PICANTE

Aunque tiene un sabor penetrante, se suaviza al cocinarlo. Es parecido a la mostaza y le combina muy bien. Puede rallarse para añadirlo a ensaladas y mezclarlo para aderezos.

ROMERO

Es una hierba aromática muy atractiva, no solamente al paladar, sino a la vista por sus lindas flores y perfume. Combina muy bien con el ajo y el laurel, y en su sabor se puede distinguir un especial toque a pino.
Es una de las hierbas más usadas en el sur de Europa. Ideal para usar en recetas de cordero y cerdo, con salmón y con otros granos y vegetales. Por sus ramitas semejantes al pino, se presta mucho para decorar la comida y hasta para hacer arreglos florales.

SALVIA

Existen varias especies de salvia. Su sabor y aroma son un poco amargos, así que debe usarse con discreción. Es utilizada mayormente en carnes de más contenido de grasa, como el cerdo, o cordero, o pescado de sabor más fuerte. Ideal para platos de hígado. Es mejor usarla fresca.

TOMILLO

El tomillo es una de las especias que no faltan en nuestra cocina latina o en las mesas de los grandes chefs. Es una de las hierbas que se usa con más frecuencia en los "bouquet garni". Su sabor es una mezcla de menta, clavo y alcanfor. Despide un aroma fuerte cuando se frota y puede cocinarse por bastante tiempo combinada con otras hierbas. Es ideal para condimentar, para las sopas y estofados y para utilizarlo en platos al horno o con verduras.

TORONJIL

Por su aroma y sabor a limón fresco, y su toquecito de menta, el toronjil es muy bueno para marinar pescados y aves, así como para combinar con salsas. Puede usarse además en ensaladas frescas o en postres, natillas y pasteles. Se recomienda su uso fresco, pero puede congelarse por varios meses.

VAINILLA

De un sabor dulce muy fuerte con dejo de licor detectable, se usa en una infinidad de recetas de postres, nos llega en forma de extracto líquido y se debe utilizar con moderación.

OTROS ALIADOS DEL BUEN SABOR

AZUCAR

Demás está decir que es el endulzante preferido para endulzar nuestras bebidas y para la confección de muchas otras recetas de salsas y guisos. Las variedades más comunes son la blanca refinada, la morena y la pulverizada. Debe usarse con moderación. Si tiene una dieta con restricción de azúcar evite la misma, así como la miel, los siropes, mermeladas y aderezos que la contengan y utilice endulzante artificial. Hay veces que el azúcar forma parte de la consistencia de un postre y es imposible sustituirla, pero en muchas otras comidas y bebidas sí se puede sustituir por endulzante artificial sin estropear la receta en cuestión.

SAL

Debe usarse con moderación sobre los alimentos para acentuar su sabor. Si tiene una dieta con restricción de sal, use sustitutos de sal vegetal.

CUBITOS DE CALDO CONCENTRADO

Vienen con sabor a pollo, pescado, carne y jamón y otros. Son excelentes para acentuar el sabor de caldos y guisos. Pero más aún, nos permiten preparar sofritos sin añadir grasa al sofreír.

COLORANTES VEGETALES

Usados mayormente para dar color a los fondants y cremas de las cubiertas de tortas y bizcochos. Son muy potentes y solo es necesario echar unas pocas gotas. Estos colorantes también son muy útiles para acentuar el color de otras cremas y mayonesas para embellecer la presentación de nuestros platos.

EXTRACTOS CON SABOR ARTIFICIAL

Hay una gran variedad en el mercado. Mayormente usados en repostería, estos ingredientes pueden también realzar otras recetas que necesiten tener un poquito de sabor a mantequilla, coco o licor, etc.

ADOBOS MIXTOS

Los adobos mixtos son excelentes para ayudar a condimentar los alimentos. Hay un extensa variedad con sal y sal con pimienta y sin pimienta. Son un gran recorso para el ama de casa para acortar el memío de preparacion de sus recetas.

COMO COMER MAS

El comer sin grasa bajo ningún concepto significa comer menos o comer comida aburrida y sin sabor. Todo lo contrario, cuando uno restringe a un mínimo la cantidad de grasa de la dieta, podemos comer más volumen de comida para sentirnos llenos y satisfechos por períodos más largos de tiempo. Uno de los recursos para comer más y al mismo tiempo estar mejor alimentado, es escoger alimentos con poco contenido de grasa y consumir una generosa cantidad de frutas y vegetales.

Por otra parte al reducir la grasa también estamos reduciendo calorías. El sabor de nuestras comidas radicará en los condimentos que utilicemos para ello.

A continuación les muestro un mismo menú elaborado primero con exceso de grasa, después con un contenido moderado de grasa y por último con un mínimo de grasa. Los resultados de la comparación de sus contenidos totales de grasa y calorías pueden ayudarnos a abrir los ojos y a entender mejor, que comer con menos grasa significa comer más y mejor.

MENUS COMPARATIVOS

MENU # 1

(ALTO CONTENIDO DE GRASA)

Hamburguesa con queso regular o "cheeseburguer" de 4 oz. (125g) comercial o hecha con picadillo regular.

	CALORÍAS	GRAMOS DE GRASA
lechuga y tomate, 1 cda. de ketchup, 1 cda. de mayonesa regular y el pan.	.760	48
1 paquete mediano de papitas fritas	.400	21
Helado de vainilla en salsa de chocolate (Hot fudge sundae)	.340	12
Total de calorías y grasa	.1,500	81

MENU # 2

(MEDIANO CONTENIDO DE GRASA)

	CALORÍAS	GRAMOS DE GRASA
Hamburguesa de picadillo de carne magra de 4 oz. (125g)	250	12
1 lasca de 1 oz. (30g) de queso sin grasa	45	0
Papitas BBQ 'fritas' al horno (ver capitulo de viandas y vegetales)	88	0
Lechuga y tomate	5	0
1 cda. de mayonesa sin grasa	10	0
1 cda. de ketchup	10	0
1 pan de hamburguesa	100	1.5
Helado de vainilla con galletitas (ver receta en capítulo de postres)	144	0.9
Total de calorías y grasa	653	14.4

MENU # 3

(BAJO CONTENIDO DE GRASA)

	CALORÍAS	GRAMOS DE GRASA
Hamburguesa de habichuelas coloradas (frijoles) de 4 oz. (125g) (ver receta en capítulo de arroces, granos y pastas)	278	1.7
1 lasca de 1 oz. (30g) de queso sin grasa	45	0
Papitas 'fritas' al horno (ver capitulo de viandas y vegetales)	88	0
Lechuga y tomate	5	0
1 cda. de mayonesa sin grasa	10	0
1 cda. de ketchup	10	0
1 pan de hamburguesa	100	1.5
Helado de vainilla con galletitas (ver receta en capítulo de "postres")	144	0.9
Total de calorías	680	4.1

CONSEJOS PARA UN NUEVO ESTILO DE VIDA

Si usted desea comenzar un nuevo estilo de vida, comiendo de una forma más inteligente y selectiva, en pos de una vida más saludable, he aquí unos consejos que le pueden ser muy útiles:

- Evite añadir grasa al cocinar. Sustituya el aceite y la manteca por un cubito de caldo concentrado o caldo casero desgrasado para hacer los sofritos. Una cucharada de aceite tiene catorce (14) gramos de grasa. El caldo desgrasado tiene solo trazas de grasa.

- Evite freír la comida.

- Si una receta necesita algo de grasa, use grasa en aerosol. Si requiere usar aceite, escoja el aceite de oliva o vegetal. Si debe usar mantequilla, prefiera la mantequilla batida (whipped butter), añada solamente un mínimo y trate de que sea en una receta que se divida en muchas porciones. También puede utilizar margarina baja en grasa o "light".

- Acentúe el sabor natural de las comidas. Para ello use especias y otros ingredientes como jugo de limón, miel, mostaza, salsa de tomate, condimentos, hierbas aromáticas, extracto con sabor artificial, etc.

- Engrase los sartenes y moldes de hornear con grasa en aerosol.

- Utilice purés de frutas caseros o comidas de bebé de sabor a frutas en vez de grasa para suavizar la masa de tortas y pasteles.

- Sustituya la mayonesa regular por mayonesa sin grasa.

- Sustituya huevos enteros, dependiendo de la receta, por sustituto de huevo líquido (egg beaters), o utilice menos yemas y más claras.

- Sustituya los productos lácteos regulares (con grasa) por aquellos que indiquen en la etiqueta sin grasa o "fat free". Hay una gran variedad de ellos en los mercados. Los productos bajos en grasa o "light' son una alternativa, pero recuerden que tienen algo de grasa.

- Prepare menús balanceados que incluyan todos los grupos de alimentos.

- Consiga un panfleto con un listado de los alimentos y su contenido nutricional para que le sea más fácil administrar su dieta.

- Lea las etiquetas de los productos envasados para saber su contenido de grasa, calorías, sal, etc., de manera que pueda planificar mejor su menú.

- Desgrase los caldos de carne enfriándolos en la nevera y removiendo después la grasa que se cuaja en la superficie.

- Combine las ensaladas con aderezos sin grasa, ya sean caseros o comerciales.

- Utilice frutas y salsa de frutas para combinar en recetas que no son postres.

- Utilice maicena para espesar las salsas.

- Utilice ollas y sartenes de material antiadherente.

- Tenga una pesita de cocina para pesar los alimentos cuando sea necesario, así como tazas y cucharillas de medir.

- Trate de no comer más de seis (6) gramos de carne roja o aves al día.

- Trate de escoger carnes y aves que tengan muy bajo o bajo contenido de grasa.

- Si va a hacer una receta con picadillo, escoja un corte de carne magra y hágalo moler, de esta forma se asegura que la carne esté bien fresca y limpia de grasa.

- Evite comer la piel de las aves y la grasa de la carne roja.

- Busque con más frecuencia la fuente de proteína de su dieta en alimentos de origen vegetal como los frijoles y las nueces.

- Coma más mariscos.

- Coma los pescados que contengan algo de grasa dos veces por semana, ya que la grasa de los mismos es de hecho, beneficiosa para la salud cuando de incluyen en una dieta baja en grasa.

- Tome leche desgrasada o baja en grasa y escoja quesos y cremas que también hayan sido desgrasados y digan en sus etiquetas "fat free" o "low fat", es decir sin grasa o bajos en grasa. Los productos lácteos con etiquetas que leen "light", también se recomiendan, pero casi siempre estan endulzados artificialmente. Si va a usar margarina, escoja una que haya sido elaborada con aceite vegetal. Si va a usar mantequilla, prefiera la mantequilla batida (whipped butter) que, por tener más aire, contiene menos grasa.

- No coma huevos más de tres veces por semana. Los huevos tienen su concentración de grasa en la yema. La clara no contiene grasa. Esta regla no aplica a los sustitutos de huevos, que, por habérseles extraído la grasa, pueden comerse libremente.

- Evite tener el estómago estragado de hambre (estar 'muerto de hambre') pues es muy probable que al comenzar a comer en estas condiciones pierda su poder de selección, se salga de su plan alimenticio y coma con ansiedad más cantidad de comida.

- Mitigue los deseos de comer antes del almuerzo o cena tomando té, café, caldo, refrescos, limonada, fruta, jugo o gelatina.

- Por lo general, es mejor comer poco seis (6) veces al día, que comer tres grandes comidas, pero es mejor que consulte a un nutricionista.

- No vaya al supermercado con hambre pues comprará más golosinas y otras comidas que no necesite tener en su alacena.

- Tome mucha agua.

- Haga ejercicios con moderación.

- Si va a una fiesta no vaya con el estómago vacío para evitar comer demás. Si come demás, al día siguiente ajuste su presupuesto de grasas y calorías.

- Recuerde que el comer demás de cualquiera de los grupos alimenticios puede hacerle aumentar de peso, pero la grasa se deposita en su cuerpo con más facilidad y tarda más tiempo en eliminarla. Lleve la cuenta de cuantos gramos de la misma ingiere diariamente.

- La grasa es el nutriente que más engorda. Cuando esté tentado a comer grasa demás, piense en un área de su cuerpo donde probablemte se vaya a depositar.

- Si usted trabaja fuera y tiene tiempo un día de la semana para hacer recetas que pueda guardar en el congelador en recipientes plásticos tapados, puede de esta forma planificar el menú de sus almuerzos o centro de trabajo.

- Si va a comer a un restaurante, ordene sopas, caldos y granos; ensaladas con aderezo bajo en grasa o sin grasa, pasta con salsa de tomate (evite las cremas), carnes y aves (sin piel), pescados y mariscos asados o a la parrilla y frutas, postres ligeros o helados bajos en grasa light o sin grasa.

- Después de un corto tiempo de comenzar a poner en práctica estos consejos, poco a poco, y de una forma casi inconsciente los mismos comenzarán a moldear un nuevo estilo de vida ... *con poca grasa pero con mucho sabor.*

ENTREMESES

CAMARONES AL AJILLO

4 PORCIONES

3 dientes de ajo picaditos
1 tz. de caldo de pescado sin grasa o
1 cubito de caldo de pescado concentrado
  disuelto en una taza de agua
1 lb. (½ Kg) de camarones grandes sin cáscara
  y desvenados
1 cdta. de aceite de oliva

En una sartén, sofría los ajos en el aceite. Cuando comiencen a cocinarse, añada el caldo y los camarones. Deje cocinar por unos minutos hasta que los camarones estén rosados. Sirva enseguida y no permita que se enfríen. Sirva con rodajas de pan tostado para mojar en la salsa.

130 calorías, 2.9 gramos de grasa

> **Nota:** Puede servir cada porción con varios camarones en ollitas de barro o puede servirlos como entremeses individuales pinchados con palillos de dientes. 1 camarón al ajillo: 25 calorías, 0 grasa.

MEJILLONES CON MAYONESA DE AJO

4 PORCIONES DE 6 MEJILLONES

12 cdas. de mayonesa de ajo (ver salsas y aderezos)
24 mejillones frescos
1 tz. de vino blanco
½ cdta. de tomillo en polvo
½ cdta. de laurel en polvo
4 ramitas de perejil
1 cda. de pimienta de limón
1 cebolla mediana bien picadita
8 tomatillos
Jugo de 2 limones
Rodajas de limón o lima

Lave los mejillones con agua fría y limpie las adherencias más gruesas de las conchas. En una cazuela hierva los mejillones, el vino, la cebolla y las especias menos el perejil. Después de hervidos, descarte las conchas superiores. Póngalos formando un círculo en platos individuales.

Vierta el jugo de limón sobre los mejillones y ponga sobre cada uno media cucharadita de mayonesa de ajo. Adorne con el perejil, los tomatillos y unas rodajitas de limón o lima.

Como entremés individual el mejillón tiene: 17 calorías y 0.4 gramos de grasa

HUEVOS DUROS CON CAVIAR

20 PORCIONES

10 huevos duros sin yema
4 cdtas. de cebolla rallada
3 cdas. de mayonesa sin grasa
8 oz. (¼ Kg) de queso crema sin grasa suavizado
½ tz. de crema agria sin grasa (Si no encuentra la crema agria sin grasa, sustitúyala por yogurt sin grasa).
1 pote de 2 oz. (60 gramos) de caviar negro o rojo
1 pizca de bijol o colorante amarillo de repostería

Corte los huevos en mitades, extraiga con una cucharita las yemas, reserve dos y descarte las demás. Aplaste con un tenedor las yemas y añada un poquito de mayonesa. Mezcle bien. En el procesador o licuadora bata unos pocos segundos esta mezcla con el resto de la mayonesa, la cebolla, el queso crema y la crema agria. Si desea que tenga más colorido para contrastar con la clara de los huevos duros, agregue dos o tres gotitas de colorante vegetal amarillo o una pizca de bijol. Ponga dos cucharaditas de esta mezcla en cada mitad de huevo duro.

Tape los huevos con un plástico y enfríe en la nevera. Antes de servir, adorne cada huevo con ¼ de cucharadita de caviar.

32.5 calorías, 1 gramo de grasa

CROSTINIS DE CAMARONES

24 RODAJITAS

1 lb. de pan francés cortado en ángulo en 24 rodajitas de ½ pulgada (1½ cm) de grosor
8 oz. (¼ Kg) de camarones limpios y cortados en trocitos
1 tz. de queso mozzarella sin grasa, rallado
¾ tz. de tomatillos picaditos
¾ tz. de espinacas picaditas
¼ tz. de cebollas picaditas
1 cdta. de ajo machacado
1 cdta. de orégano
1 cubito de pollo
⅓ tz. de agua aproximadamente

Caliente su horno a 300°F (150°C) y ponga el pan a dorar por unos minutos. En una sartén, a fuego mediano, caliente el agua para disolver el cubito de pollo, eche el ajo y la cebolla. Cuando la cebolla esté transparente y se haya reducido un poco el líquido añada las espinacas, los tomatillos y revuelva todo bien.

Agregue el orégano y siga moviendo hasta que los tomates queden casi desmenuzados. Luego, añada los camarones y mueva un poquito más hasta que los camarones se vean rosados.

Retire del fuego. Ponga la mezcla por encima de cada una de las rodajas de pan tostado. Eche el queso mozzarella por encima. Vuelva a colocar las tostaditas en la bandeja de hornear y hornee a 400°F (200°C) hasta que se derrita el queso. Sirva enseguida.

22 calorías por tostada, 0.2 gramos de grasa

PAPITAS SORPRESA

8 PORCIONES

16 papas pequeñas de cáscara roja
1 paquete de 6 oz. (175 gramos) de queso
  cheddar ahumado o de queso amarillo duro de
  sabor fuerte
Especia o sal sazonada con sabor a BBQ
Grasa en aerosol

Lave bien las papas. Hiérvalas hasta que estén suaves,
pero no demasiado blandas. Córtelas en mitades y con
la punta de una cucharita hágales una hendidura o
huequito en el centro. Corte 16 trocitos de queso de
aproximadamente ¼ de pulgada (½ cm.) de grosor y
divida cada uno en dos partes. Rellene cada papa con
un trocito de queso. Póngalas en una bandeja de asar,
rocíeles la grasa en aerosol y espolvoree con la especia
de sabor a BBQ. Hornéelas en el asador superior o
"broiler" hasta que el queso se derrita. Vigílelas para
que no se quemen. Para una presentación más bonita,
colóquelas en unas copitas de papel corrugado de las
que se usan para bombones. Sirva inmediatamente.

29.5 calorías, 0.31 gramos de grasa

MOUSSE DE POLLO Y ALCACHOFAS

16 PORCIONES (SI SE CORTA COMO UN PASTEL)

1 lb. (½ Kg) de pechuga de pollo sin piel
  hervida y cortada en trocitos
2 potecitos de corazones de alcachofas marinados
  en aceite (con las hojas más duras ya removidas)
½ tz. de mayonesa sin grasa
2 cdtas. de mostaza Dijon
Sal a gusto
½ cdta. de pimienta
2 pqtes. de gelatina sin sabor
½ tz. de caldo de pollo sin grasa (1 cubito de pollo)
1 tz. de "queso" de yogurt sin sabor y sin grasa
Grasa en aerosol
Para adornar: pepino, tomatillos y ramitas de eneldo

El "queso" de yogurt se hace poniendo el yogurt en
un colador sobre un recipiente y dejando que escurra
el suero de 12 a 24 horas dentro del refrigerador.

Mezcle en la licuadora o procesador todos los
ingredientes, excepto la gelatina, el caldo de pollo y la
sal, hasta que tengan una consistencia pastosa. Ponga
aparte. Mezcle la sal con el caldo de pollo en una ollita
y caliente a fuego mediano. Añada la gelatina y
disuélvala bien removiendo constantemente hasta que
el líquido haya aclarado. Retire del fuego. Vierta la
mezcla de la licuadora en un tazón e incorpórele el
caldo con la gelatina con un movimiento envolvente.
Engrase un molde de 8'' de diámetro por 3'' (20 cm. x
7 cm.) de alto con la grasa en aerosol y vierta la mezcla
en el mismo. Refrigere por varias horas hasta que cuaje.
Desmolde en una fuente llana, decore con el pepino en
rodajas, los tomatillos y las ramitas de eneldo. Sirva con
galletitas de coctel o tostaditas "Melba" o cortado
como un pastel.

*68 calorías, 1.27 gramos de grasa. Si se sirve con galletitas
(1 cdta.) 17 calorías y 0.3 gramos de grasa*

"SORULLITOS" ORIENTALES

RINDE DE 25 A 30 SORULLITOS

¾ lb. de picadillo de carne 95% sin grasa
3 cajitas de pasitas
1 cda. de comino
2 cdas. de orégano en polvo
1 cdta. de sal
1 cebolla mediana picadita
2 dientes de ajo picaditos
½ tz. de caldo de carne (de cubito)
½ tz. de azúcar, más 4 cdtas. de azúcar
Una pizca de pimienta negra
1 oz. de vino seco
1 pqte. de masa de hojaldre
Grasa en aerosol

Eche en una sartén antiadherente un poquito del caldo con la cebolla y el ajo. Eche el picadillo y el resto de las especias. Mueva constantemente, agregue el vino y termine de cocinar.

En una ollita eche media taza de azúcar y el resto del caldo. Deje que se consuma y se espese un poco hasta que empiece a burbujear. Después de unos minutos incorpore esta mezcla al picadillo. Revuelva y deje que el líquido se consuma. Deje enfriar. Limpie y espolvoree con harina la superficie de trabajo. Saque del paquete una hoja de masa de hojaldre y tape el resto con un paño húmedo. Rocíe grasa en aerosol y espolvoree una cucharadita de azúcar a la hoja que sacó. Ponga otra hoja de hojaldre arriba, repita la operación hasta tener 4 hojas una encima de otra. Córtelas con una tijera en tiras de 2"(6.5 cm.) de ancho. Cubra las tiras con un paño menos la que va a rellenar. Eche una cucharadita de picadillo en el extremo de una tira de hojaldre, enróllala tres veces y corte la masa donde terminó de enrollar con las tijeras. Repita esta operación hasta que se le acabe el picadillo. Pásele una brochita con sirope de arce a cada rollito de hojaldre. Colóquelos en una bandeja de hornear ligeramente engrasada con grasa en aerosol.

Hornee en un horno precalentado a 350°F (180°C) por 15 minutos o hasta que se dore el hojaldre.

40 calorías, 1.1 gramo de grasa.

> **Nota:** Sirva en una fuente con un tazoncito en el centro con salsa oriental dulzona sobre lo picante con sabor a frutas, para complementar el sabor del picadillo. La que se usó en esta receta es a base de tamarindo.

PINCHOS DE CIRUELAS CON TOCINETA

16 PORCIONES O PINCHOS

16 ciruelas pasas secas sin semilla
8 lascas finas de tocineta

Envuelva cada ciruela con la mitad de una lasca de tocineta. Asegure con un palillo de dientes. Coloque los rollitos en la parrilla de una bandeja de asar y póngalos en el horno precalentado a 400°F (200°C) hasta que la tocineta comience a tostarse. Sirva enseguida.

26.81 calorías, 0.8 gramo de grasa

> **Nota:** Puede sustituir las ciruelas por higos que también combinan muy bien con el sabor de la tocineta.

ROLLITO DE CARNE FRIA

44 PORCIONES DE 2 RODAJITAS

¾ lb. de picadillo de carne de res 95% sin grasa
1 lb. de carne de cerdo 95% sin grasa
¾ lb. de jamón 95% sin grasa
2 cebollas medianas ralladas
1 pqte. de sustituto de huevo líquido equivalente
 a 4 huevos
3 dientes de ajo picadito
1 cda. de sal
1 cda. de mostaza
1 cdta. de salsa salsa inglesa (Worcestershire)
⅛ cdta. de nuez moscada
¼ cdta. de comino
½ cdta. de orégano
1 taza de galleta molida
1 trozo grande de gasa de cocinar (cheese cloth)

Para empanizar:
½ pqte. de sustituto de huevo líquido equivalente
 a 2 huevos
2 tz. de galleta molida

Para hervir:
1 cebolla
1 cdta. de sal
2 dientes de ajo
1 hoja de laurel seca
1 cubito de carne
Pimienta
Ramitas de hierbas finas frescas picaditas
(orégano, salvia, tomillo, etc..)

Una los tres picadillos y mezcle con la sal, mostaza, las especias, la salsa inglesa, los huevos y la galleta molida. Amase bien hasta que la masa tenga un aspecto uniforme y divida en cuatro rollos o cilindros de 8" (20 cm.) de largo y 2"(5 cm.) de diámetro. Páselos por huevo y luego por galleta. Repita la operación.

Envuelva los rollos en un trozo grande de gasa de cocina (cheese cloth) dejando un sobrante en cada extremo de 1½" (4 cm.). Amarre bien con un cordelito los extremos para que los cilindros queden apretaditos.

Con otro pedacito de gasa haga la bolsita para el "bouquet garni". Ponga las hierbas aromáticas dentro. Amarre con un cordelito. Ponga agua a hervir en una olla grande y eche el cubito y el "bouquet garni". Eche los rollitos de carne en el agua hirviendo. Hierva tapado a fuego de mediano a bajo por 2 horas. Remueva los rollos del agua y quítele la tela antes de enfriar. Ponga en una fuente, tape y enfríe en la nevera.

Corte cada rollo en rodajas finas y sirva con galletas o sobre rueditas de pan. Ideal como entremés o para servir con ensaladas y frutas.

40 calorías, 1.5 gramos de grasa por rodajita.

CHAMPIÑONES RELLENOS

12 PORCIONES

24 hongos o setas tipo "cremini"
2 tz. de miga de pan seco sazonado o "stuffing"
  comercial sazonado
2 tallos de apios medianos picados bien finitos
1 diente de ajo entero
1½ cda. de cebollinos picaditos
1 cda. de albahaca fresca picadita
2 cdtas. de pimienta de limón
1 tz. de caldo sin grasa o 1 cubito de pollo
  disuelto en una taza de agua
1 tz. de queso mozzarella sin grasa rallado
Grasa en aerosol

Lave los hongos y séquelos con papel toalla. Corte los tallos, píquelos en trocitos y póngalos a hervir en un poco del caldo para que ablanden, luego incorpore el apio, la cebolla y el ajo. Añada más caldo. Cuando la cebolla y el apio estén blandos, saque el diente de ajo e incorpore las migas de pan, las especias y el resto del caldo. Revuelva todo bien y corrija la sazón, si es necesario. Las migas deben quedar como una masa húmeda. Rellene los hongos.

Eche grasa en aerosol en una bandeja de hornear y precaliente el asador superior o "broiler" de su horno. Coloque los hongos rellenos boca abajo en la bandeja, écheles grasa en aerosol y espolvoréelos con la pimienta de limón. Póngalos en el horno durante varios minutos hasta que hayan ablandado. Vírelos boca arriba. Echeles un poco de queso mozzarella rallado. Vuelva a ponerlos en el horno hasta que el queso se derrita. Sirva inmediatamente.

58 calorías, 0 gramos de grasa

CEVICHE

4 PORCIONES

1 lb. (½ Kg) de filete de pescado blanco
½ tz. de jugo de limón
1 diente de ajo molido
1 cebolla grande cortada bien fina
Ají picante o chile molido al gusto
½ rama de apio picado bien fino
1 cda. de cilantro picadito
Sal y pimienta a gusto

Lave el pescado y córtelo en cubitos. Sazone con el jugo de limón, el ajo, el ají molido, la sal y la pimienta. Deje reposar una hora. Añada la cebolla, el apio y el cilantro. Deje reposar 20 minutos más. Sirva en una copa de coctel.

113 calorías, 1.5 gramos de grasa

ARROLLADO PASCUALINO

8 PORCIONES

2 pqtes. de masa de panecillos "hot roll mix" bajos
  en grasa de aproximadamente 110 calorías y
  3 gramos de grasa por pieza.

Relleno:
1 lb. (½ Kg) de espinacas
1 tz. de acelgas sin tallo picaditas
¼ tz. de pan rallado
4 huevos duros
¼ tz. de caldo de pollo sin grasa o 1 cubito de
  pollo disuelto en ¼ tz. de agua
1 cebolla grande picadita
2 dientes de ajo machacados
Sustituto de huevo líquido equivalente a
  3 huevos enteros
4 cdas. de miel o sirope de arce (maple syrup)
1 clara de huevo
Sal, pimienta y nuez moscada a gusto

Sofría en el caldo de pollo la cebolla y el ajo hasta que
la cebolla se ponga transparente, añada las acelgas y
las espinacas (previamente hervidas y bien exprimidas
para que queden lo más secas posible). Revuelva todo
bien a fuego mediano y eche el sustituto de huevo.
Siga mezclando y por último, incorpore el pan rallado
hasta que adquiera una consistencia compacta. Retire
del fuego y ponga aparte a enfriar, nunca ponga el
relleno caliente sobre la masa.

Espolvoree el rodillo y la mesa de trabajo con harina.
Una la masa de los paquetes de panecillos hasta tener
una bola. Estire la masa con el rodillo hasta que mida
de 16'' a 18'' (46 cm.) de ancho y 12'' (30 cm.) de
largo aproximadamente. Coloque la mezcla de
espinacas, ya fría, a lo largo del centro de la masa,
dejando un espacio de masa libre de 1½''
(4 cm.) en los bordes de arriba y de abajo. Deje a
cada lado 6'' (15 cm.) de masa libre. Coloque los
huevos duros en fila sobre el centro de la espinaca.
Doble un lado de la masa sobre la espinaca. Después
doble el otro lado de la masa para cubrir el arrollado.
Selle el borde con la clara de huevo y apriételo con un
dedo. Con los pedacitos de masa que sobraron haga
una trenza o corte figuritas para adornar el arrollado.

Adhiera las figuritas al arrollado pasándoles clara de
huevo por la parte de atrás. Mezcle el resto de la clara
de huevo con la miel, unte con una brochita a todo el
arrollado. En una bandeja de hornear, llévelo a un
horno precalentado a 350°F (180°C) por 40 minutos.
Mientras se esté horneando el arrollado, pásele la
brocha con la mezcla de clara de huevo y miel varias
veces para que adquiera una tonalidad dorada. Sirva en
rodajas, frío o caliente.

62 calorías, 1.34 gramos de grasa

ROLLITOS MULTICOLOR

6 ROLLITOS POR TORTILLA

½ tz. de crema agria sin grasa
¼ tz. de salsa picante
8 tortillas de harina sin grasa
½ tz. de queso crema sin grasa
1 lb. (½ Kg) de pechuga de pavo sin grasa en lascas
½ lb. (¼ Kg) de queso cheddar sin grasa rallado
½ tz. de aceitunas negras picaditas
½ tz. de cebollinos verdes picaditos
8 hojas grandes de lechuga
24 rodajas finas de tomate

Mezcle la crema agria con la salsa picante y póngala aparte. Esparza el queso crema sobre las tortillas llegando bien a los bordes. Coloque una lasca de pavo en la mitad de la tortilla, eche el queso cheddar y un poquito de la mezcla de salsa picante y crema agria. Añada un poquito de aceitunas, tres rodajas de tomates y écheles un poco de cebollinos. Cubra con una hoja de lechuga.

Enrolle la tortilla y procure que quede bien apretadita. Pase a la fuente. Corte las puntas de cada rollo y descártelas. Proceda a cortar el resto del rollito en seis pedazos iguales. Haga lo mismo con el resto de las tortillas.

50 calorías por rollito, 0.5 gramos de grasa

Nota: Si no encuentra el queso cheddar sin grasa rallado puede usar lascas o "singles" sin grasa (cheese product) con sabor a cheddar y entonces picarlos en trocitos para usar en esta receta. Estas lascas tienen menos calorías aunque no son queso genuino.

COPITAS DE HOJALDRE

RINDE 24 COPITAS

4 hojas de hojaldre de paquete (phyllo dough)
Grasa en aerosol

Saque cuatro hojas de hojaldre del paquete. Guarde el resto enseguida. Espolvoree harina sobre la mesa de trabajo y ponga una hoja de hojaldre. Tape las otras tres con un paño para que no se resequen. Rocíe grasa en aerosol a la hoja que separó. Ponga otra hoja encima y repita la operación. Cuando tenga las cuatro hojas engrasadas coloque un moldecito de hornear en forma de copita al revés y corte la masa de hojaldre con una tijera, dejando un borde de ¼ a ½'' (1 cm.) alrededor del molde. Coloque el hojaldre dentro de la copita, presione hacia adentro con un dedo y recorte lo que le sobra fuera del borde. Repita esta operación hasta tener toda la masa cortada. Pásele una brochita con sirope de arce a cada una. Hornee 10 minutos o hasta que se doren.

Ideal para rellenar con crema de pimientos u otra pasta de entremeses, con picadillo de pollo o jamón, con queso, con natilla y frutas frescas o con relleno de frutas secas y nueces.

2 calorías, 0 gramos de grasa cada una

RELLENO DE FRUTAS SECAS Y NUECES

¼ tz. de agua
6 oz. (175 gramos) de frutas secas
¼ tz. de nueces picaditas
¼ tz. de azúcar morena
¼ tz. de puré de manzana
½ cdta. de extracto de almendra
1 cdta. de sirope de arce

En una olla pequeña ponga el agua, las frutas, las nueces y el azúcar, revuelva y cocine a fuego bajo hasta que las frutas se hayan suavizado. Agregue el puré de manzana, revuelva bien y cocine por unos minutos más. Retire del fuego añada la esencia de almendras. Ideal para rellenar las copitas de hojaldre.

38 calorías, 0.8 gramos de grasa

BOCADITOS DE ESPARRAGOS
8 PORCIONES DE 2 TRIANGULITOS

15 oz. (450 gramos) de puntas de espárragos enlatadas
1 tz. de mayonesa sin grasa
16 lascas de pan de molde blanco, bajo en grasa (light)
Sal a gusto

Apisone o maje bien los espárragos y una con la mayonesa hasta obtener una crema homogénea, añada sal a gusto y refrigere. Corte y remueva la corteza a las lascas de pan. Unteles la crema de espárragos y una las lascas. Corte cada bocadito en 2 triangulitos. Póngalos en una fuente tapados con un paño húmedo y refrigérelos hasta la hora de servir.

35 calorías, 1 gramo de grasa

CREMA DE PIMIENTOS
32 PORCIONES DE 1 CUCHARADITA

¼ tz. de mayonesa sin grasa
2 pqtes. de queso crema sin grasa
2 latas o potes de 6½ oz. (180 gramos)
 de pimientos morrones
¼ cdta. de pimienta de limón
Sal a gusto

Mezcle todo en un procesador o licuadora. Ponga la mezcla en un tazón, tape y refrigere. Ideal para servir en copitas de pepino o untado en tallos de apio, en bocaditos de coctel o como "dip".

11 calorías, 0 grasa. Si sirve en copitas de pepino: 11.4 calorías y 0 grasa. Si se prepara con queso bajo en grasa: 17.5 calorías y 1.3 gramos de grasa. Si se prepara con queso regular: 36 calorías y 2.5 gramos de grasa.

CREMA DE SALMON

12 PORCIONES

   3 cdas. de mayonesa sin grasa
   4 oz. (125 gramos) de filete de salmón fresco
    y desmenuzado
   1 cdta. de perejil bien picadito
   Pimienta de limón a gusto
   Jugo de limón a gusto
   2 cdas. de alcaparras para adornar
   Grasa en aerosol

En una sartén pequeña de material antiadherente
rocíe grasa en aerosol y coloque el salmón sazonado
ligeramente con pimienta de limón. Tape y cocine
unos minutos por ambos lados. El salmón debe
quedar suave y jugoso en el centro. En un procesador
mezcle el salmón con la mayonesa, el perejil, la
pimienta de limón, el jugo de limón y la sal a gusto.
Enfríe en la nevera. Adorne con las alcaparras. Sirva
sobre galletitas de agua de coctel o sobre tostadas, o
eche en una manga de repostería para rellenar copitas
de hojaldre, apio, copitas de pepino, etc.

18.5 calorías, 0.3 gramo de grasa

BOTECITOS DE HOJALDRE RELLENOS DE TOMATE Y QUESO

4 PORCIONES DE 2 BOTECITOS

   4 hojas de masa de hojaldre (phyllo dough)
   1 clara de huevo ligeramente batida
   4 oz. (125 gramos) de queso mozzarella sin grasa rallado
   8 hojas de albahaca fresca picaditas

   4 tomates medianos cortados en trocitos
   1 cda. de orégano seco
   2 cdtas. de aderezo oriental picante con
    sabor a fruta
   Sal y pimienta a gusto
   Grasa en aerosol

Caliente el horno a 425°F (220°C). Rocíe una a una
las 4 hojas de masa de hojaldre con grasa en aerosol y
ponga una sobre otra. Córtelas con una tijera en
cuadrados de 4 x 4 pulgadas (10 x 10 cm.)
aproximadamente. Coloque cada cuadrado de
hojaldre en una bandeja de hornear de moldes de
panecillos (muffins). Deje que el hojaldre caiga por
fuera del molde. Eche una cucharada de queso en
cada uno. Coloque los trocitos de tomates dentro,
eche la albahaca. Sazone con la pimienta, el orégano y
la sal. Luego, pase la brocha con la clara de huevo por
todo el hojaldre para que adquiera un tono dorado.
Hornee 10 minutos o hasta que los botecitos
comiencen a dorarse. Páseles ahora una brochita con
la salsa oriental. Hornee unos minutos mas. Sáquelos
con cuidado de los moldes y sírvalos enseguida.

101 calorías, 0 gramos de grasa

> **Nota:** La masa del hojaldre es muy frágil y seca muy
> pronto. Mientras la va trabajando, tape el resto con un
> papel toalla y guarde inmediatamente la que no vaya a usar.

SALSAS Y ADEREZOS

ADEREZO FRANCES

4 PORCIONES

½ tz. de yogurt sin grasa
2 cds. de ketchup sin sal
2 cdtas. de miel
1 cdta. de mostaza preparada (Dijon)
2 tomates secos (de paquete)

Remoje los tomates en agua durante media hora para rehidratarlos. Píquelos en cuadritos. En el tazón de la mezcladora o licuadora ponga el yogurt y el ketchup. Luego, la mostaza y los tomates. Mezcle todo a velocidad baja. Vierta en un recipiente y colóquelo en la nevera o refrigerador por 15 minutos aproximadamente. Sirva bien frío sobre ensaladas.

67 calorías, 0.25 gramos de grasa

ADEREZO DE PIÑA Y MANGO

8 PORCIONES

1 tz. de trocitos de piña fresca o enlatada
1 tz. de trocitos de mango fresco o congelado
1 tz. de jugo de manzana concentrado sin diluir
1 tz. de jugo de naranja (china) concentrado sin diluir
¼ cdta. de extracto de coco
¼ cdta. de sal

En una licuadora o mezcladora, ponga los trocitos de frutas y añada el jugo de manzana, el de naranja, el extracto de coco y la sal. Mézclelos a velocidad mediana. Este aderezo es ideal para servir con ensaladas verdes o de frutas, pollo y carne de cerdo.

58 calorías, 0 grasa

VINAGRETA DE AJO

8 PORCIONES

4 cdas. de vinagre rojo o balsámico
2 cdas. de aceite de oliva extra virgen
½ tz. de agua
3 dientes de ajo
½ cdta. de sal
½ cda. de mostaza Dijon
1 cda. de cebollinos bien picaditos
1 cda. de perejil bien picadito
1 cda. de miel de arce (maple syrup)

En un mortero, machaque bien los ajos con la sal hasta formar una pasta. Añada el resto de los ingredientes y mezcle bien. Tape y enfríe hasta el momento de servir.

40 calorías, 3.5 gramos de grasa

"DIP" DE SALSA PICANTE

10 PORCIONES

1 tz. de tomate picadito
¼ tz. de cebolla picadita
½ tz. de jugo de tomate
2 cdtas. de jugo de limón
2 cdtas. de cilantro fresco picadito
1 cdta. de ajo machacado
½ cdta. de chile jalapeño picadito (limpio y sin semilla)
Sal y pimienta negra a gusto

En un tazón, combine todos los ingredientes. Refrigere. Ideal para comer con nachos o tortillas.

6 calorías, 0 grasa

MOJO CARIBEÑO

4 PORCIONES

4 dientes de ajo machacados
1 cdta. de orégano en polvo
½ cdta. de comino en polvo
¼ cdta. de pimienta
1 hoja de laurel
1 tz. de jugo de naranja agria fresca o ⅔ de taza
de jugo de naranja combinado con ⅓ de taza de
jugo de limón fresco
Sal a gusto

En un procesador, mezcle el ajo con un poquito del jugo de naranja agria (o la mezcla de jugo de naranja y jugo de limón) y haga un puré. Viértalo en un tazón, agregue las especias y el resto del jugo de naranja y eche la hoja de laurel. Mezcle bien y refrigere. Agite antes de usar. Ideal para adobar carne de cerdo, aves y pescados.

1 taza contiene: 24 calorías, 0 grasa. 1 oz. contiene 3 calorías, 0 grasa

SALSA RUSA

8 PORCIONES

¾ tz de yogurt sin grasa
¼ tz. de leche sin grasa
3 cdas. de ketchup sin sal
1½ cda. de pimiento verde picadito
2 cdas. de miel

Mezcle todos los ingredientes en una licuadora o mezcladora a velocidad baja. Coloque en un recipiente y lleve a la nevera o refrigerador por unos 15 minutos. Sirva bien frío.

35 calorías, 0 grasa

SALSA DE PIMIENTOS ROJOS

4 PORCIONES

2 pimientos rojos cortados en mitades sin venas
ni semillas
1 cda. de mantequilla batida (whipped butter)
baja en grasa (light)
1 cebolla picada
2 dientes de ajo
2 tomates sin semilla, pelados y picados
Sal y pimienta a gusto

Caliente el asador superior o "broiler" del horno. En una bandeja de hornear, ase los pimientos con la piel hacia arriba de 7 a 10 minutos o hasta que la piel se empiece a ampollar. Póngalos en una bolsa plástica sellable y deje que se enfríen. Sáquelos de la bolsa y pélelos.

En una sartén, derrita la mantequilla. Saltee el ajo y la cebolla. Luego eche los pimientos, los tomates, la sal y pimienta al gusto y cocine por unos minutos.

En la licuadora o procesador, ponga todos los ingredientes de la salsa, mezcle y transfiera a un recipiente. Ideal para servir sobre souffles o timbalitos de vegetales.

37 calorías, 1 gramo de grasa

ADEREZO CREMOSO DE ENELDO

6 PORCIONES

⅔ tz. de yogurt sin sabor y sin grasa
2 ajos machacados
1 cda. de eneldo fresco picadito
2 cdtas. de azúcar
⅛ cdta. de pimienta negra gruesa
1 cda. de vinagre blanco

Combine todos los ingredientes y refrigere en una botella tapada. Agite antes de servir.

22 calorías, 0 grasa

ADEREZO ITALIANO RAPIDO

8 PORCIONES

¼ tz. de vinagre balsámico o de manzanas
2 cdas. de jugo de limón
1 cda. de aceite de oliva
1 sobre de aderezo italiano en polvo
½ tz. de agua
½ cdta. de azúcar
1 cda. de albahaca fresca picadita

Mezcle bien todos los ingredientes. Sirva bien frío sobre ensaladas. También se utiliza para marinar aves, carnes y mariscos.

19 calorías, 2 gramos de grasa

SALSA BLANCA BASICA

6 A 8 PORCIONES

1 cubito de caldo de pollo concentrado
4 cdas. de agua
2 tz. de leche sin grasa
4 cdas. de maicena
Sal a gusto

En una ollita disuelva el cubito de pollo con la leche. Disuelva la maicena en el agua y vierta sobre la leche a fuego lento, revolviendo constantemente con un cucharón de madera hasta que espese y se cocine bien, aproximadamente 10 minutos.

30 a 40 calorías, 0 grasa

Nota: Dependiendo del uso que se le va a dar, el sabor de esta salsa puede variar si le echa salsa inglesa "Worcestershire", vino, jugo de cebolla, perejil, cebollinos, una cebolla con dos o tres clavos de olor enterrados, una hoja de laurel, sal, pimienta u otros condimentos. Es un sustituto ideal para la salsa Bechamel si se le agrega un pizca de nuez moscada y sal y pimienta a gusto.

ADEREZO DE MIEL, MOSTAZA Y ENELDO

8 PORCIONES

¾ tz. de yogurt sin sabor y sin grasa
¾ tz. de mostaza Dijon
1 cdta. de eneldo
½ cdta. de cebolla en polvo
1 cda. de miel
Sal a gusto

Mezcle bien todos los ingredientes en una licuadora o procesadora. Puede usarlo para sus ensaladas mixtas y verduras o sobre carne de cerdo, pollo y pescado.

23 calorías, 0 grasa

ADEREZO CREMOSO DE BANANA

8 PORCIONES

1 banana
1 tz. de yogurt
1 chalote bien picadito
1 cda. de perejil picadito
1 cda. de cilantro picadito
1 cda. de azúcar morena
1 cda. de vinagre de arroz
1 cda. de vinagre de vino
½ tz. de jugo de naranja
½ cdta. de sal gruesa
¼ cdta. de pimienta negra fresca

Ponga todos los ingredientes en la licuadora o procesadora. Mezcle unos segundos hasta que todo esté bien unido. Este aderezo es ideal para ensaladas que tengan frutas.

43 calorías, 0 grasa

ADEREZO ORIENTAL

4 PORCIONES

2 cdas. de vinagre de vino de arroz
3 cdas. de salsa de soya baja en sal
1 cdta. de raíz de jengibre rallada
1 diente de ajo machacado
1 cdta. de aceite de sésamo (ajonjolí)
½ tz. de agua
1 pizca de azúcar

Combine los ingredientes en una botella con tapa y póngalos a enfriar en la nevera. Antes de servir agite bien la botella.

15 calorías, 0.8 gramos de grasa

CHIMI-CHURRI

24 PORCIONES DE ½ CDTA

5 dientes de ajo
5 cdas. de perejil italiano bien picadito
Una pizca de ají rojo molido
Sal y pimienta a gusto
1 cda. de vinagre blanco
2 cdas. de aceite vegetal
⅓ tz. de agua (aproximadamente)

Pique y machaque bien el ajo con un poquito de aceite. Mezcle con el perejil, el ají molido, la sal y la pimienta. Agregue el vinagre, el resto del aceite y el agua. Mezcle todo bien en un procesador hasta que tenga una consistencia cremosa. Ideal para servir sobre carnes asadas o a la parrilla.

15 calorías, 1.1 gramo de grasa

ADEREZO CESAR CREMOSO

4 PORCIONES

2 dientes de ajo machacados
½ tz. de mayonesa sin grasa
1 cdta. de mostaza Dijon
¼ cdta. de salsa inglesa
5 filetes de anchoas enlatadas en aceite, escurridas
3 cdas. de vinagre de vino
2 rebanadas de pan de molde
  cortado en trocitos y tostado
3 cdas. de queso parmesano bajo en
  grasa (light), rallado
Sal y pimienta fresca a gusto

Corte en trocitos las anchoas y échelas en un tazón, imprégnelas bien con el ajo machacado. Agregue la sal, la pimienta, la salsa inglesa y el vinagre. Mezcle bien todos los ingredientes y finalmente, añada la mayonesa y la mostaza. Si quiere "estirar" un poco la salsa, añada un poco de agua y mezcle bien. Sirva sobre una cabeza de lechuga romana cortada en trozos y esparza por encima el queso parmesano y el pan tostado o "croutons".

70 calorías, 1.5 gramos de grasa

SALSA CITRICA

10 PORCIONES

1 tz. de azúcar
2 cdas. de maicena
1 cdta. de mantequilla sin sal
2 cdas. de jengibre fresco rallado
¾ tz. de jugo de toronja fresco
1 cda. de ralladura de limón
2 cdas. de perejil fresco picadito
½ tz. de agua
¼ tz. de vino blanco

Combine la maicena con un poquito del agua y disuélvala bien. Ponga a hervir el resto del agua y, cuando esté a punto de ebullición, añada el azúcar. Revuelva, y cuando se haya disuelto el azúcar, la ralladura de limón y el jengibre rallado, baje el fuego, agregue la maicena y siga revolviendo a fuego lento hasta que espese y se ponga transparente. Ponga aparte y añada el resto de los ingredientes. Mezcle bien hasta que la mantequilla se haya derretido.

Ideal para ensaladas que tengan frutas y para la carne de cerdo, pescados y aves. Rinde aproximadamente 1½ taza.

98 calorías y 0 grasa

SALSA DE QUESO

6 PORCIONES

1 cebolla picadita
4 cdtas. de harina para todos los usos
1 tz. de leche fresca sin grasa
1 tz. de leche evaporada sin grasa
¼ cdta. de nuez moscada
¼ cdta. de salsa inglesa (Worcestershire)
2 cdtas. de mantequilla batida (whipped butter)
  baja en grasa (light)
1 cda. de maicena disuelta en una cda. de agua
⅓ tz. de queso parmesano sin grasa rallado o
¼ tz. de queso cheddar sin grasa rallado.
Sal y pimienta a gusto

Caliente la mantequilla en una ollita a fuego lento
Añada la cebolla y cocine por dos minutos. Agregue la
harina y el agua. Revuelva con una cuchara de madera
y poco a poco vierta la mitad de las leches y mezcle
bien. Añada el resto de la leche y la maicena. Siga
revolviendo hasta que espese. Eche el queso, la salsa
inglesa y la nuez moscada. Corrija la sazón y siga
cocinando por cinco minutos más sin dejar de remover.

49 calorías, 0.8 gramo de grasa

SALSA DE TOMATE

8 PORCIONES

6 tomates grandes pelados, cortados y sin semillas
3 cebollas medianas picaditas
2 pimientos verdes sin semillas picaditos
2 cdas. de orégano fresco picadito
¼ cdta. de comino
2 cdas. de albahaca fresca picadita
¼ tz. de tomates secos ya remojados e hidratados
1 pizca de tomillo en polvo o una ramita fresca
4 dientes de ajo machacados
2 cubitos de caldo de carne concentrado
2 tz. de agua
3 tz. de salsa de tomate
1 cda. de aceite de oliva
1 cda. de azúcar
¼ tz. de vino tinto

Ponga los tomates secos en remojo hasta que ablanden
y píquelos en trozos pequeños. En una sartén, eche el
aceite de oliva y los ajos. Saltéelos hasta que empiecen a
dorar (no deje que se quemen porque se ponen
amargos). Añada los cubitos de caldo de carne y una
taza de agua y cuando estén disueltos, agregue la
cebolla, los pimientos y los tomates secos. Cocine un
poco y luego añada el tomate fresco, las especias, el
orégano, el tomillo y una cucharada de albahaca. Siga
cocinando por unos minutos, agregue la salsa de tomate
y el resto del agua. Cocine tapado por una hora a fuego
lento moviendo ocasionalmente. Agregue el resto de la
albahaca. Si lo desea, puede agregar un poco de agua
adicional. Corrija la sazón. Agregue el vino y el azúcar.
Continúe cocinando tapado por unos minutos más.
Rinde tres tazas aproximadamente.

92 calorías, 1.5 gramos de grasa

SALSA HOLANDESA
8 PORCIONES

1 tz. de crema agria sin grasa
4 oz. (125 gramos) de sustituto de huevo líquido
½ cdta. de sal
½ cdta. de paprika
1 cdta. de salsa inglesa (Worcestershire)
Jugo de 1 limón

En una olla a baño de María, mezcle la taza de crema agria con el jugo de limón, los huevos, la sal y la paprika. Revuelva constantemente hasta que espese. Añada la salsa inglesa. Mezcle bien, retire del fuego y sirva inmediatamente.

115 calorías, 0 grasa

> **Nota:** Se puede guardar de un día para otro en la nevera pero se espesará con el frío. Puede licuarla un poco con leche sin grasa.

SALSA DE VINO TINTO
8 PORCIONES

1 cdta. de mantequilla
3 chalotes picaditos
2 tz. de vino tinto
½ cdta. de pimienta negra fresca
¼ cdta. de nuez moscada
1½ tz. de caldo de carne sin grasa o de cubito
  de caldo concentrado
1 cda. de maicena disuelta en 1 cda. de agua

Derrita la mitad de la mantequilla en una sartén profunda, añada los chalotes y un poco del caldo. Saltee hasta que estén suaves (de dos a tres minutos). Agregue el vino, la pimienta y la nuez moscada. Hierva hasta que el líquido se reduzca a la mitad. Cuele y ponga aparte. En otro recipiente, caliente el resto del caldo hasta que comience a hervir y vierta la mezcla del vino. Siga cocinando hasta que el líquido se reduzca. Baje el fuego. Vierta la mezcla de la maicena con el agua. Revuelva sin cesar para que espese y se cocine, aproximadamente 10 minutos. Retire la cacerola del fuego y corrija la sazón. Ideal para carnes y aves.

56 calorías, 1 gramo de grasa

SALSA BARBACOA (BBQ)
8 PORCIONES

½ tz. de ketchup
2 cdas. de mostaza Dijon
1 cda. de miel
4 cdtas. de salsa inglesa (Worcestershire)
½ cdta. de ajo en polvo
¼ tz. de vinagre blanco
¼ cdta. de pimienta
¼ cdta. de comino
½ cdta. de orégano
Sal a gusto

Mezcle todos los ingredientes en un tazón y refrigere hasta el momento de servir.

20 calorías, 0 grasa

SALSA PARRILLERA
RINDE APROXIMADAMENTE 2 TAZAS

4 tomates picaditos
1 cebolla picadita
1 chile pasilla (opcional)
½ tallo de apio picadito
½ tz. de jugo de piña concentrado
½ tz. de moras
¼ tz. de vino Marsala
2 cdas. de vinagre balsámico de frutas
2 cdas. de miel
1 cdta. de salsa inglesa (Worcestershire)
Sal y pimienta a gusto

Quite las venas y semillas del chile. Ponga los tomates, la cebolla, el apio y el chile picadito en el procesador. Luego agregue las moras. La mezcla debe quedar cremosa. Eche esta mezcla en una sartén u ollita con el jugo de piña, la salsa inglesa y el azúcar. Tape y cocine por 15 minutos o hasta que espese. Añada el vinagre y el vino. Corrija la sazón al gusto. Si no le gusta muy picante reduzca o elimine el chile. Guarde en un pomo de cristal tapado y refrigere.

2 cucharadas contienen: 35 calorías, 0 grasa

COULI DE FRUTAS
16 PORCIONES

2 tazas de fruta picada (fresas, frambuesas, mango, etc.)
⅓ tz. de jugo de manzana
4 cdas. de azúcar
½ cdta. de jugo de limón

En un procesador haga un puré con todos los ingredientes. Ponga en una olla y deje hervir a fuego mediano de cinco a siete minutos hasta que espese. En un tazón, cuele la mezcla. Ideal para servir sobre postres y frutas así como para decorar platos de carne, ave y pescado. Rinde 2 tazas.

11 calorías, 0 grasa

Nota: Para decorar sus platos vierta el couli en un pomo plástico con tapa de pico (como los de "ketchup", pero más pequeño). Dibuje filigranas alrededor del plato o sobre sus carnes, postres, etc.

SALSA ROSADA
8 PORCIONES

1 tz. de salsa de tomate (ver receta en este capítulo)
1 tz. de salsa bechamel hecha con la salsa blanca básica (ver receta en este capítulo)

Mezcle bien ambas salsas y caliente en una ollita pero no deje hervir. Ideal para servir sobre gnochis y otras pastas.

28 calorías, 1.75 gramos de grasa

MAYONESA CASERA BAJA EN GRASA

RINDE 1 TAZA

1 cda. de jugo de limón
2 yemas de huevo
1 cdta. de mostaza
½ cdta. de gelatina sin sabor
½ cdta. de azúcar (opcional)
Sal a gusto

Mezcle la gelatina en ¼ taza de leche. Caliente el resto de la leche y agregue la gelatina mezclada. Retire del fuego. Bata los demás ingredientes (yemas, sal y mostaza), exceptuando el jugo de limón. Agréguelos a la leche batiendo constantemente. Cocine a fuego bajo hasta que espese. Retire del fuego, añada el jugo de limón y mezcle bien.

1 taza: 322 calorías, 10 gramos de grasa. 1 cucharada: 26.85 calorías, 0.85 gramos de grasa

> **Nota:** Si en su localidad no encuentra una mayonesa totalmente sin grasa o "fat free", esta receta es muy útil para sustituir la misma, pues aunque su consistencia y sabor varían un poco, se adapta muy bien en los platos y recetas que necesitan mayonesa sin grasa. También puede sustituir la mayonesa sin grasa o "fat free" por mayonesa "light", aunque esta última tiene un poco de grasa.

SALSA CHILENA "CHANCHO EN PIEDRA"

2 TAZAS

6 dientes de ajo pelados
½ chile picado
1½ cdta. de sal
6 tomates picados
1 tz. de cebolla dulce bien picadita
1 cda. de cilantro fresco
½ tz. de orégano fresco
2 cdas. de aceite vegetal
2 cdas. de vinagre rojo
⅓ tz. de agua

En un mortero, mezcle el ajo, el chile, y la sal hasta que haga una pasta o puré. En un tazón mezcle el puré con el resto de los ingredientes. Esta salsa se debe servir fresca, acabada de hacer, pero lo que sobre, puede guardarse en el refrigerador por 2 ó 3 días. Se sirve para untar al pan antes de la comida.

28 calorías, 1.75 gramos de grasa

SALSA DE SETAS PARA CARNES

2 tz. de setas frescas cortadas en mitades
4 chalotes picados bien finos
½ tz. de vino rojo seco
⅔ tz. de caldo desgrasado (de cubito)
2 cdtas. de maicena
Sal a gusto

Ideal para servir sobre filet mignon.

171calorías, 0.1 gramos de grasa

MAYONESA DE AJO
RINDE 1½ TAZA.

5 dientes de ajo picaditos y bien machacados
2 cdas. de mostaza Dijon
½ cdta. de pimienta blanca
1½ tz. de mayonesa sin grasa
2 cdtas. de jugo de limón
1 pizca de bijol (opcional)

En un mortero, mezcle los ajos machacados con la mostaza hasta hacer una pasta. Agregue el jugo de limón y la pimienta. Unalo todo con la mayonesa. Si desea, agregue el bijol para darle color y mezcle bien.

1 cda: 12 calorías, 0 grasa

ENSALADAS

TORRES DE TOMATE Y BERENJENA

6 PORCIONES

2 cdas. de aceite de oliva extra virgen
1 cdta. de comino en polvo
½ cdta. de sal
⅛ cdta. de pimienta negra molida
1 berenjena cortada en lascas de ¼ de pulgada (½ cm.)
2 pimientos rojos asados y cortados en tiras
2 pimientos amarillos asados y cortados en tiras
5 tomates cortados en lascas de ¼ de pulgada (½ cm.)
¼ tz. de cebollinos picaditos
¼ tz. de albahaca picadita
⅔ tz. de vinagreta de ajo (ver aderezos)
18 lascas de queso mozzarella sin grasa *
6 cilindros de acero o hechos con latas de sopa
  vacías de 3½ pulgadas (8 cm.) de diámetro por
  6 pulgadas (14½ cm.) de alto. Puede utilizar
  también tubos PVC cortados a la medida.
Grasa en aerosol

Mezcle el aceite, el comino, la sal y la pimienta. Con una brocha, unte esta mezcla a las lascas de berenjena. Rocíe una sartén de material antiadherente con aceite en aerosol, ase las berenjenas a fuego mediano hasta que estén suaves. Corte los pimientos en lascas finas. Rocíe con el aceite en aerosol el interior de los 6 cilindros y póngalos en una bandeja. Dentro de cada cilindro coloque los ingredientes en el orden que sigue: una lasca de tomate, la albahaca picadita, una lasca de berenjena, una de queso y dos o tres tiras de pimiento. Repita dos veces y finalice con una lasca de tomate. Presione suavemente para compactar. Refrigere hasta el momento de servir.

Para servir transfiera cada cilindro a un plato individual pasando una espátula por debajo para sostenerlo. Presione con una mano hacia abajo y deslice el cilindro hacia arriba con la otra. Vierta la salsa de vinagreta de ajo sobre las torres y adorne con los cebollinos. Sirva inmediatamente.

160 calorías, 5.4 gramos de grasa

*También puede usar el queso mozzarella sin grasa rallado. Si usa ¼ de taza del queso regular en vez de queso sin grasa, tendrá 200 calorías y 11.4 gramos de grasa por porción.

ENSALADA DE CAMARONES Y ESPINACA CON ADEREZO CALIENTE

8 a 10 oz. (250 a 300 gramos) de espinaca fresca
  sin tallos y lavada
1 lb. (½ Kg) de camarones frescos hervidos
  (desvenados y sin cola)
1 cdta. de polvo de ajo
⅓ tz. de caldo de pollo sin grasa o de caldo de
  pollo concentrado
1 diente de ajo machacado
2 cdas. de cebolla picadita
¼ cdta. de pimienta de limón (lemon pepper) opcional
2 cdas. de miel
2 cdas. de mostaza Dijon
3 cdas. de vinagre balsámico de fruta
¼ tz. de mayonesa sin grasa

Lave bien la espinaca, píquela y échela en un tazón. Espolvoree el polvo de ajo sobre los camarones y únteles bien toda la mayonesa. Hierva el ajo machacado y la cebolla en el caldo de pollo para hacer un "sofrito". Cuando la cebolla esté blanda descarte el ajo y añada la miel, la mostaza, el vinagre y la pimienta. Revuelva a fuego bajo. Eche los camarones con la espinaca en un tazón. Revuelva bien. Vierta la mezcla de mostaza y miel sobre la ensalada. Sirva inmediatamente.

2 porciones como plato principal : 322 calorías, 2.4 gramos de grasa. 4 porciones como aperitivo: 161 calorías, 1.2 gramos de grasa

ENSALADA DE FIDEOS DE CALABACIN VERDE

1½ lb. (¾ Kg) de calabacín verde (zucchini)
1 cebolla dulce (vidalia) mediana lasqueada bien fina
1 cdta. de sal gruesa
1 pimiento rojo picadito
¼ tz. de vinagre de manzana o vinagre balsámico
  de frutas
3 cdas. de jugo de manzana concentrado sin diluir
1 cdta. de azúcar
2 cdas. de albahaca fresca picadita
Pimienta fresca a gusto

Ralle los calabacines a lo largo por la parte gruesa de un rallador (guayo), para que quede cortado como si fueran fideos. Póngalos en un colador, añada la sal y revuelva para que se mezcle bien. Deje escurrir a temperatura ambiente por 30 minutos, enjuáguelos y exprima un poco para sacarle la mayor parte de humedad.

Pase los fideos de calabacines a un tazón mediano de ensalada. Añada la cebolla lasqueada, el pimiento picadito, el vinagre, el jugo de manzana concentrado y la albahaca. Mezcle todo bien y corrija la sazón. Sirva a temperatura ambiente o enfríe tapado por no más de 20 minutos antes de servir.

45 calorías, 0 grasa

ENSALADA TROPICAL

4 PORCIONES

½ lb. (¼ kg) de "mezclum" o una combinación
  de lechugas
2 pimientos verdes en rodajas
1 pepino pequeño en rodajas
3 naranjas cortadas en rodajas
3 tomates ciruelos cortados en rodajas
¼ tz. de queso feta
3 cdas. de jugo de naranja
3 cdas. de vinagre de cerezas
2 cdas. de cebollinos picaditos
1 cda. de mostaza Dijon
Sal y pimienta a gusto

En un plato llano grande de servir coloque las rodajas
más grandes de pimiento alrededor del borde.
Rellene el centro de cada rodaja de pimiento con una
rodaja de naranja. Arriba de cada rodaja de naranja,
coloque una rodaja de tomate. Eche el mezclum en
el centro del plato y disponga las rodajitas de pepino
alrededor del mezclum sin tapar las de tomate o las
de naranja. Desborone el queso por encima.

En un tazón pequeño combine el jugo de naranja, el
vinagre, la mostaza, la sal y la pimienta gusto. Mezcle
bien y vierta sobre la ensalada. Esparza los cebollinos
por encima.

89 calorías, 1 gramo de grasa

ENSALADA VERDE CON FLORES

6 PORCIONES

1 lb. (½ Kg) de "mezclum" o de una combinación
  de lechugas y verduras de diferentes colores
  y texturas tales como radicchio, escarolas, hojas
  de espinacas, arúgula, lechuga, etc.
4 ramitos de albahaca fresca picaditos
1 zanahoria grande rallada
1 pimiento amarillo picadito
2 docenas de flores comestibles deshojadas,
  preferiblemente de colores vivos tales como:
  petunias, girasoles, rosas, capuchinas
  (nasturtiums), etc.
¾ taza del aderezo de su preferencia (ver capítulo
  de salsas y aderezos)

Lave, corte y seque la combinación de lechugas y verduras
y mézclalas en un tazón grande. Añada la albahaca, la
zanahoria y el pimiento picadito. Mezcle los pétalos
sueltos para adornar la ensalada. Póngales arriba algunas
flores enteras. Sirva con una vinagreta por separado.

14 calorías, 0 grasa

> **Nota:** Utilice solamente flores comestibles que se
> hayan cultivado sin usar pesticidas nocivos a la salud.
> Indague por ellas a distribuidores de hierbas y
> verduras o en mercados de productos orgánicos.

ENSALADA DE COUSCOUS Y MENTA

6 PORCIONES

3 tz. de agua a punto de hervir
2 tz. de couscous de paquete
½ tz. de jugo de naranja
¼ tz. de jugo de limón
1½ tz. de zanahorias ralladas
1 tz. de cebollinos picaditos
½ tz. de menta picadita
2 cdas. de aceite de oliva extra virgen
¾ cdta. de sal
16 aceitunas negras picaditas
pimienta a gusto

Mezcle el agua con el aceite, la sal, el couscous y deje reposar tapado 30 minutos o de acuerdo a las instrucciones del paquete. Cuele en un colador fino para extraer el exceso de agua y póngalo en un tazón. Agregue las zanahorias, cebollinos, menta y aceitunas. Revuelva bien.

En otro tazón mezcle el jugo de naranja, limón, aceite y la pimienta a gusto. Revuelva bien y viértalo sobre el couscous. Corrija la sazón si es necesario. Tápelo y enfríe bien en la nevera. Sáquelo para que se ponga a temperatura ambiente antes de servir.

134 calorías, 6.5 gramos de grasa

ENSALADA DE POLLO

12 PORCIONES

2 lb. (1 Kg) de pechugas de pollo sin piel hervidas y desmenuzadas
2 lb. (1 Kg) de papas peladas y hervidas cortados en cubitos
3 manzanas grandes cortadas en cubitos y rociadas con jugo de limón
3 tz. de mayonesa sin grasa
1 tz. de apio picadito bien pequeño
8 oz. (¼ Kg) de arvejas o "petit pois" enlatados
1 pimiento morrón cortado en tiras
2 cdas. de adobo mixto
Sal y pimienta a gusto
½ pimiento morrón
Perejil para adornar

Eche en una fuente de servir grande o en un tazón grande eche el adobo mixto sobre las pechugas desmenuzadas. Agregue el resto de los ingredientes menos el pimiento morrón y las arvejas. Una todo bien hasta que tenga una masa homogénea. Eche las arvejas. Mezcle bien. Adorne con unas tiras de pimiento morrón y si desea, coloque unas ramitas de perejil alrededor. Enfríe bien antes de servir.

Esta receta es ideal para hacer con un día de anticipación cuando prepare un buffet o un picnic para muchos invitados.

135 calorías, 2 gramos de grasa

ENSALADA DE ATUN Y PASTA EN SALSA DE PIMIENTOS

6 PORCIONES

12 oz. de coditos u otra pasta corta como "penne"
6 latas pequeñas de atún empacado en agua
1½ tz. de pimientos rojos asados y picados en tiritas finas
1 tz. de chalotes picaditos
⅓ tz. de alcaparras
1tz. de yogurt sin grasa y sin sabor (plain)
⅓ tz. de albahaca fresca picadita
1 cda. de aceite de oliva
1 diente de ajo picadito y machacado
Jugo de 2 limones frescos
Sal y pimienta a gusto

Ponga agua a hervir en una olla grande.

En un tazón combine el atún, una taza de los pimientos picaditos y las alcaparras.

En un procesador combine el yogurt, albahaca, aceite, jugo de limón, ajo y el resto de los pimientos picaditos. Haga un puré y sazone con sal y pimienta. Vierta sobre la mezcla de atún. Cocine la pasta "al dente." Escurra bajo agua fría. Añada a la mezcla de atún.

Este plato lo puede servir frío o a temperatura ambiente.

173 calorías, 2.6 gramos de grasa

ENSALADA DE FRIJOLES

4 PORCIONES

2 tz. de gajos de mandarina
1 lata de frijoles negros escurridos
2 zanahorias medianas ralladas
½ cebolla dulce picada en rodajas finas
¼ tz. de cilantro picadito
¼ tz. de perejil picadito
¼ tz. de albahaca picadita
1 pizca de ají molido
4 tz. de lechuga o "mezclum"
½ tz. de vinagre balsámico de fruta
2 cdas. de azúcar
2 cdtas. de aceite de oliva

Mezcle todos los ingredientes en un tazón, con excepción de la lechuga. Tape y refrigere la mezcla por lo menos 30 minutos. Ponga la lechuga en un plato llano de servir y eche la mezcla de los frijoles por encima.

340 calorías, 4.5 gramos de grasa.

ENSALADA TRICOLOR DE PIMIENTOS

3 PORCIONES

3 pimientos grandes (uno verde, uno rojo y
  uno amarillo)
2 oz. (60 gramos) de queso feta cortado
  o desmoronado
1 cda. de vinagre balsámico de cerezas
1 cda. de miel
Sal y pimienta a gusto

Corte los pimientos en mitades y límpielos. Colóquelos
en una bandeja de hornear con la piel hacia arriba.
Póngalos en el horno hasta que la piel se torne oscura
o negra y comience a ampollarse. Echelos en una bolsa
de plástico, ciérrela y espere hasta que se enfríen.
Pélelos completamente. Colóquelos en un plato y
desmorone el queso por encima. En un pequeño
recipiente, mezcle el vinagre, la miel, la sal y la pimienta.
Vierta este aliño sobre la ensalada.

90 calorías y 3 gramos de grasa

ENSALADA BASICA DE PAPAS

4 PORCIONES

1 lb. (½ Kg) de papas de cáscara roja cortada en cubitos
¾ tz. de mayonesa sin grasa
2 cdas. de mostaza Dijon
⅓ tz. de apio picado fino
1 cda. de eneldo fresco bien picadito
1 cdta. de pimienta de limón
Sal a gusto

Ponga cuatro tazas de agua a hervir, échele las papas
picadas. Tape y baje el fuego. Cocine de 5 a 10 minutos
hasta que las papas estén blandas. Mientras, combine en
un tazón la mayonesa, la mostaza, el apio, el eneldo, la
sal, la pimienta y el limón. Cuando las papas estén
cocinadas, enjuáguelas en agua fría y añádalas a la
mezcla de la mayonesa. Refrigere tapada hasta la hora
de servir.

118 calorías, 4 gramos de grasa

Nota: Esta es una gran ensalada tanto sola o como base
para combinar con otros ingredientes: habichuelas
verdes chinas, atún enlatado en agua, pollo, manzanas,
petit pois o arvejas, vegetales mixtos, etc. También es
ideal para rellenar tomates ahuecados y servir como
plato principal.

ENSALADA DE COL (COLESLAW)

6 PORCIONES

  1 col pequeña
  ½ tz. de mayonesa sin grasa
  ½ tz. de yogurt de vainilla sin grasa
  1 cda. de azúcar
  1 cda. de mostaza Dijon
  1 cda. de vinagre de manzana
  ½ cdta. de pimienta de limón

En un tazón mediano, combine la mayonesa, el yogurt, la mostaza, el azúcar, el vinagre y la pimienta de limón. Corte varios trozos de col y póngalos en una procesadora para que queden picados bien finitos. Si utiliza una licuadora, eche agua justo hasta cubrir los trozos de col picada. Apriete el botón de picar "chop" de una forma intermitente. Eche la col en un colador y escúrrala. Pásela al tazón con los ingredientes del aderezo. Repita esta operación hasta que tenga cuatro tazas de col picada. Mezcle todo bien, tape y enfríe antes de servir.

47 calorías, 0 grasa

ENSALADA DE PEPINO Y MELON

6 PORCIONES

  2 tz. de melón verde (honeydew) picado
   en trocitos
  1 pepino grande lasqueado bien fino
  ½ cebolla blanca lasqueada bien fina
  1 tz. de pasitas sin semillas
  1 tz. de yogurt sin grasa (sin sabor)
  1 tz. de mayonesa sin grasa
  Sal y pimienta a gusto

Remoje las lascas de cebolla en partes iguales de agua y vinagre blanco por media hora para quitarle el picor a la cebolla. Mezcle bien todos los ingredientes en un tazón. Cubra con papel plástico y deje en el refrigerador por dos o tres horas. Adorne con uvas verdes.

153 calorías, 0 grasa

ENSALADA DE FRUTAS CREMOSA

8 PORCIONES

  4 tz. de coctel de frutas enlatadas en sirope bajo en
   azucar "light", escurridas
  1 tz. de mayonesa sin grasa
  ½ tz. de yogurt de piña sin grasa

Mezcle todos los ingredientes y refrigere. Sirva bien fría.

106 calorías, 0 grasa

> **Nota:** Si en su localidad no encuentra mayonesa sin grasa, haga la ensalada solamente con yogurt sin grasa.

ENSALADA ORIENTAL DE FIDEOS
4 PORCIONES

1 tz. de fideos chinos de huevo
3 tz. de vainitas chinas frescas (pea pods)
2 tz. de col china picada en tiras finas
1 pimiento rojo picadito
1 pimiento amarillo picadito
1 cebolla dulce (vidalia) rebanada bien fina
2 cdtas. de semillas de sésamo tostadas
Aderezo oriental (ver salsas y aderezos)

Corte las puntas y la vena central de las vainitas chinas. Cocínelas en agua hirviendo durante un minuto. Parta con la mano los fideos de huevo y cocínelos en agua hirviendo en otro recipiente, de acuerdo con las instrucciones del paquete. Enjuáguelos en agua fría, escúrralos y llévelos a un tazón. Mezcle bien los fideos, la col, los pimientos, la cebolla y las vainitas chinas.

Agite bien el aderezo y viértalo sobre la ensalada. Espolvoréee las semillas de sésamo.

213 calorías, 4.2 gramos de grasa

ENSALADA DE VIEIRAS EN SALSA VERDE
2 PORCIONES

l lb. (½ Kg) de vieiras grandes
⅓ tz. de hojas de espinaca cocida picadita
  (fresca o congelada)
⅓ de taza de mayonesa sin grasa
¼ tz. de cebolla picadita
¼ tz. de cebollinos picaditos
2 cdas. de perejil italiano picadito
2 cdas. de eneldo fresco picadito
2 cdas. de jugo de limón
1 cdta. de pimienta de limón
¾ tz. de vino blanco seco
1 tomate ciruelo maduro
Hojas de lechuga romana para servir
Sal a gusto

En una sartén de material antiadherente eche el vino, la cebolla picadita. Luego, eche las vieiras. Cocine por un par de minutos como máximo. Escurra las vieiras y ponga en un recipiente tapado a enfriar en la nevera.

Eche la mayonesa, la espinaca, el perejil, el eneldo y la mitad de la pimienta de limón en la licuadora o en un procesador. Haga un puré. Esta es la salsa verde. Ponga en un recipiente tapado y enfríe en la nevera.

Espolvoree las vieiras con la media cucharadita restante de pimienta de limón y agregue el jugo de limón. Vierta la salsa verde por encima y mezcle bien. Sirva en una fuente sobre hojas de lechuga romana, unas rodajitas de tomate ciruelo y limón.

155 calorás, 1.9 gramos de grasa

SOPAS Y CREMAS

CREMA DE CALABAZA

6 PORCIONES

5 lb. (2½ Kg) de calabaza (zapallo)
½ cdta. de sal
4 tz. de caldo de pollo sin grasa (hecho en casa o
  de cubitos)
¼ cdta. de canela
½ tz. de cebolla bien picadita
¼ cdta. de nuez moscada
2 tz. de leche sin grasa mezclada con ½ sobre
  de leche en polvo sin grasa
¼ cdta. de azúcar

Corte la calabaza en trozos grandes. En una olla grande, hiérvala tapada con la cebolla en el caldo de pollo hasta que ablande. Retire la calabaza del fuego, sáquela del caldo y quítele la cáscara. En la licuadora eche parte de la calabaza y la cebolla y cubra con un poco de caldo y de leche justo hasta taparla. Mezcle hasta que tenga una consistencia cremosa. Repita la operación. Haga puré toda la calabaza y viértalo en un caldero con el resto de los ingredientes. Cocine a fuego mediano y mueva ocasionalmente hasta que esté bien caliente. Corrija la sazón. Sirva en una sopera hecha de calabaza natural, en una sopera de cerámica o en platos individuales.

117 calorías, 0 grasa

> **Nota:** Si desea puede sustituir la leche por más caldo, esto le bajará aún más las calorías. Esta crema también se puede hacer con una combinación de otros vegetales como zanahorias, bróculi, pimientos, papas, etc.

SOPERA DE CALABAZA NATURAL

1 calabaza (zapallo) ancha y bajita de
  aproximadamente 10 libras (5 Kg)
Aceite vegetal

Mueva la parrilla del horno a su posición más baja y precaliente el mismo a 375°F (190°C). Corte una tapa en la parte superior de la calabaza. Haga los cortes con un cuchillo de cocina grande. Los cortes debe ser en ángulo para que la parte de arriba de la tapa quede más ancha y no se resbale hacia adentro. Con un cucharón limpie el interior raspando y extrayendo las fibras y las semillas. Tenga cuidado de no sacar mucha pulpa del fondo para no debilitar la base. Frote todo el exterior con aceite. Hornee la calabaza con la tapa en una bandeja de hornear por una hora aproximadamente. No cocine demasiado, pues si la pulpa o la cáscara se ablandan mucho, la sopa se puede filtrar. Retire el líquido que se haya formado en su interior, ponga la calabaza en una fuente llana y vierta la crema de calabaza bien caliente dentro. Sirva enseguida.

ASOPAO DE MARISCOS

10 PORCIONES

3 tz. de arroz
10 tz. de agua
1 pimiento verde picadito
1 pimiento rojo picadito
2 cebollas grandes picaditas
1 tomate grande picadito
4 hojas de orégano fresco picadito
2 ramas de cilantro picadito
1 cdta. de orégano en polvo
1 cdta. de eneldo fresco picadito
2 oz. (60 gramos) de jamón de cocinar
  sin grasa picadito
2 cubitos de caldo de pescado concentrado
2 cabezas de cherna u otro pescado
1 lb. (½ Kg) de camarones sin cáscara y desvenados
1 lb. (½ Kg) de colas de langosta cortadas en
  trozos de ½''
½ tz. de vino seco
1 cdta. de bijol
1 cdta. de sal
1 lata pequeña de pimientos morrones
  para adornar
1 lata pequeña de arvejas o petit pois para adornar

Disuelva los cubitos de caldo de pescado en una olla grande. Agregue la cebolla, los pimientos verde y rojo picaditos, el tomate, el jamón, las hierbas aromáticas y las especias menos el bijol. Cuando estén blandos, añada 6 tazas de agua y las cabezas de pescado. Hierva tapado hasta que estén cocinadas. Saque las cabezas de pescado del caldo y lleve el mismo a la nevera hasta que cuaje la grasa, retírela con un cucharón. Ponga el caldo nuevamente al fuego. Eche el arroz y el bijol y deje la olla destapada hasta que se haya consumido un poco el caldo. Tape la olla y deje cocinar por 15 minutos a fuego a lento. Añádale poco a poco el agua restante hasta que esté a su gusto. Agregue los camarones, la langosta y el vino seco.

Siga cocinando a fuego lento tapado durante 6 a 8 minutos o hasta que los mariscos se cocinen y estén rosados. No los cocine demasiado porque se endurecen. Ajuste la sazón. Adorne con las arvejas y los pimientos morrones. Sirva caliente.

254 calorías, 1 gramo de grasa

> **Nota:** Puede agregar cerveza, en vez de caldo adicional al asopao.

SOPA DE MISO

6 PORCIONES

6 tz. de agua
3 cdas. de dashi (sabor a bonito)
¼ tz. de pasta de miso blanco
¼ libra (125 gramos) de tofú cortado en trocitos
1 cebollino verde picadito
1 hoja de acelga picadita

Ponga el agua en una olla a fuego alto hasta que hierva. Añada la acelga, el dashi, el cebollino, el miso y el tofú. Deje hervir hasta que el tofú esté blando y el miso se haya disuelto bien. Corrija la sazón. Sirva bien caliente.

29 calorías, 2.5 gramos de grasa

SOPA DE CEBOLLA A LA FRANCESA

4 PORCIONES

3 cebollas medianas cortadas en rodajas
5 tz. de caldo de pollo sin grasa
¼ cdta. de pimienta
¼ cdta. de tomillo en polvo
1 cdta. de orégano
1 hoja de laurel
4 cdas. de queso parmesano bajo en grasa (light)
¼ tz. de vino blanco seco o de cognac
6 lascas de pan francés
1 tz. de queso mozzarella sin grasa rallado

En una olla profunda a fuego mediano, eche las rodajas de cebolla en un poco del caldo. Después añada el resto del caldo, la pimienta, el tomillo, el orégano y la hoja de laurel. Tape la olla, baje el fuego y cocine tapado por 15 minutos. Saque la hoja de laurel. Agregue el vino o cognac a la sopa y transfiera a ollitas de barro individuales. Coloque encima las rodajas de pan previamente tostado y luego cubra con el queso mozzarella. Finalmente, esparza el queso parmesano. Lleve las cazuelitas al horno sobre una bandeja de hornear y póngalas debajo del asador superior o "broiler" hasta que el queso se dore.

277 calorías, 2 gramos de grasa

Nota: Si usa el queso mozzarella bajo en grasa (light) cada porción tendrá: 297 calorías 4.7 gramos de grasa

CREMA DE FRIJOLES NEGROS

4 PORCIONES

2 latas de puré de frijoles negros (sin adobos o sofritos)
1 cebolla pequeña picadita
½ pimiento verde picadito
½ cdta. de orégano en polvo
¼ cdta. de comino molido
1 hoja de laurel
1 cdta. de azúcar
1 cda. de vinagre balsámico o de vino seco
½ cubito de caldo de pollo concentrado
2 tz. de agua

En una olla, disuelva el cubito de caldo de pollo en una taza de agua. Añada el pimiento, la cebolla, el comino, el orégano y el laurel. Cuando la cebolla esté blanda incorpore una taza adicional de agua. Eche el puré de frijoles negros a la olla y mezcle bien. Tape y cocine por 20 minutos a fuego lento. Finalmente, añada el vinagre balsámico o vino seco y el azúcar. Cocine tapado por cinco minutos más. Sirva inmediatamente.

61.5 calorías, 0.25 gramos de grasa

Nota: Preséntela servida en un tazón pequeño con cebolla picadita en el centro, una ramita de perejil o una cucharadita de crema agria sin grasa. Si desea hacer la crema con frijoles frescos, cocínelos en una olla de presión o remójelos desde la noche anterior, cocínelos tapados hasta que ablanden y échelos en la licuadora con agua hasta que queden cremosos.

AJIACO

8 PORCIONES

3 pechugas de pollo sin hueso y limpias de piel y grasa
1 lb. (½ Kg) de nabo blanco pelado y cortado en trocitos
1½ lb. (¾ Kg) de boniato blanco (batata o camote),
  pelado y cortado en trocitos
1 lb. (½ Kg.) de papas peladas y cortadas en trocitos
3 zanahorias limpias, peladas y cortadas en rodajas
3 plátanos pintones (medio maduros) cortados en
  rodajas de 1 pulgada (2.5 cm.)
3 mazorcas de maíz (elote) cortadas en ruedas de
  1 pulgada (2.5 cm.)
1 cebolla grande picada
1 cda. de cilantro fresco bien picadito
¼ tz. de cebollinos bien picaditos
1 cdta. de orégano en polvo
2 cdas. de guasca colombiana (opcional)
1 galón (4 litros) de agua
2 cubitos de pollo concentrado
Sal a gusto

Hierva las pechugas de pollo con los cubitos de pollo y
cuando estén cocidos póngalos en un recipiente tapado
en la nevera. Después que este frío el caldo y la grasa se
haya cuajado en la superficie, remuévalo con un colador
fino pequeño. Saque las pechugas y córtelas en trozos.
Póngalas aparte.

Vuelva a poner el caldo desgrasado al fuego y cuando
comience a hervir eche el resto de los ingredientes
menos el cilantro, la guasca, el cebollino y el pollo.

Baje el fuego, tape y cocine hasta que las papas y el
boniato comiencen a deshacerse. Eche el pollo, el
cilantro, el cebollino y la guasca, si la va a usar. Deje
cocinar tapado a fuego lento por 10 minutos más.

Si le gusta el ajiaco más espeso puede poner un poco del
caldo con algunos trozos de papa, boniato y pollo para
hacerlo un puré y reincorporarlo al caldero con el resto
del ajiaco.

381 calorías, 3.6 gramos de grasa

> **Nota:** El ajiaco es un guiso común de muchos de nuestros
> países y por lo tanto hay diferentes versiones. También se
> sirve acompañado de crema agria y alcaparras.

SOPA AZTECA

6 PORCIONES

6 tortillas de maíz (elote)
1 chile pasilla (sin semillas y venas)
9 tomates ciruelos
2 cebollas medianas
1 cda. de ajo molido
1 cdta. de orégano en polvo
2 ramitas de cilantro picadito
2 ramitas de albahaca fresca picadita
1 tz. de jamón de cocinar picadito (al 5% de grasa)
7 tz. de caldo de pollo sin grasa o 3 cubitos de caldo
  de pollo concentrado disueltos en 7 tz de agua
1 tz. de queso mozzarella sin grasa rallado
6 rodajas de limón
Sal y pimienta al gusto
Grasa en aerosol

Abra el chile, ponga en una bandeja de hornear y
coloque en un horno precalentado a 350°F (180°C).
Hornee por cinco minutos o hasta que esté tostado,
pero no quemado. Cuando esté frío, triture y corte en
pedazos pequeños. Corte las tortillas en tiras, póngalas
en un comal o una bandeja de hornear y áselas hasta

que estén doraditas. Déjelas enfriar. Corte los tomates en mitades, échelos en una sartén y añada el ajo y la cebolla. Sofría durante cinco minutos. Incorpore el cilantro, el orégano y la albahaca. Póngalo todo en la licuadora o procesadora y hágalo puré. Rocíe un poquito de grasa en aerosol en una sartén, sofría el jamón y agregue el puré de tomate y caldo de pollo. Cocine a fuego lento tapado por 10 minutos. Corrija la sazón con sal y pimienta a su gusto. Para servir, vierta la sopa en unos tazones, esparza los pedacitos de chile y el queso rallado y, como opción, puede ponerle en el centro, una cucharada de crema agria sin grasa. Decore con las lascas de tortilla tostadas y sirva inmediatamente.

165 calorías, 3.83 gramos de grasa

Nota: Hay quienes entierran las lascas de tortillas en la mitad de un tomate pequeño con la parte plana hacia el fondo para que queden paraditas al presentarlas.

GAZPACHO
6 PORCIONES

4 tomates maduros grandes
1 pimiento verde
1 diente de ajo picadito
½ tz. de hierbas frescas: cebollinos, albahaca, orégano y perejil italiano
1 cdta. de aceite de oliva
3 cdas. de jugo de limón
3 tz. de caldo de pollo sin grasa
1 cebolla dulce (vidalia) rebanada bien fina
1 tz. de pepinos pelados, sin semilla y cortados en cubitos
½ cdta. de pimentón o paprika
Sal a gusto

Pele y quite las semillas a los tomates. Corte en dos partes el pimiento verde, retire las semillas y póngalo en el asador o "broiler" del horno con la piel hacia arriba hasta que la piel esté tostada. Colóquelos en una bolsita plástica cerrada para que suelten el vapor, cuando se enfríen pélelos con cuidado. Ponga en un procesador el tomate, el pimiento, el ajo y las hierbas picaditas. Agregue el caldo, el aceite de oliva, el jugo de limón, la cebolla, el pepino y la paprika. Mezcle todo bien y corrija la sazón. Lleve tapado a la nevera y enfríe varias horas. Para servir: ponga en cada plato con un poquito de perejil o cebollino picadito.

55 calorías, 1 gramo de grasa

SOPA DE POLLO TRADICIONAL

6 PORCIONES

4 pechugas de pollo sin piel ni hueso cortadas en
   trozos pequeños
8 tz. de agua
2 papas sin pelar cortadas en trozos
1 pimiento verde picadito
1 tz. de zanahorias cortadas en rodajas
3 cubitos de caldo de pollo concentrado
2 dientes de ajo
2 cebollas cortadas en trocitos
1 tallo de apio cortado en trocitos
1 cdta. de orégano
¼ cdta. de comino
Sal a gusto
Una pizca de bijol

En una olla profunda, vierta el agua, el pollo y los
cubitos. Cuando el pollo esté cocinado, ponga el
caldo a enfriar por varias horas. Al enfriarse el caldo,
la grasa del pollo se habrá cuajado en la superficie.
Con un colador pequeño fino o con un cucharón,
retírela. Vuelva a poner al fuego. Eche el resto de los
ingredientes. Cuando la papa esté blanda, ya la sopa
estará lista. Como opción puede echar media taza de
fideos al final de la cocción. Sirva caliente con unas
rodajas de limón.

*157 calorías, 2.6 gramos de grasa. Con ½ taza de fideos
tendrá: 174 calorías, 3.5 gramos de grasa*

VICHYSSOISSE (CREMA DE PAPA Y PUERRO)

6 PORCIONES

3 tallos de puerro (ajo porro) picados
1 cebolla mediana picada
4 papas medianas cortadas en trozos
4 tz. de caldo de vegetales o de pollo sin grasa
1 tz. de crema agria baja en grasa (light)
1 cdta. de albahaca fresca picadita
½ cdta. de tomillo en polvo
¼ cdta. de pimienta blanca
1 ramita de perejil picadito
1 cubito de caldo de pollo concentrado
Sal a gusto

Disuelva el cubito de pollo en media taza de agua.
Añada la cebolla y los puerros; cuando estén blandos,
añada las especias, el caldo y las papas. Cocine a fuego
mediano hasta que las papas estén blandas. Mézclelo
todo en el procesador con la crema agria. Vuelva a
calentar la crema. Corrija la sazón y sirva enseguida.
Para servirla fría, refrigérela hasta el momento de servir.

Opcional: puede agregar un pepino pelado, sin
semillas y cortado en trocitos al resto de los
ingredientes en el procesador. Para una linda
presentación de la crema fría puede servirla en un
melón verde "honeydew" limpio de semillas y
ahuecado en el centro.

96 calorías, 0.9 gramos de grasa.

BISQUE DE MARISCOS

4 PORCIONES

½ lb. (¼ Kg) de carne de cangrejo (natural o imitación)
½ lb. (¼ Kg) de camarones sin cáscara y desvenados
2 tz. de leche tibia sin grasa
2 cdas. de leche en polvo instantánea sin grasa
1 cebolla grande picadita
¼ tz. de vino seco blanco o de cocinar
¼ cdta. de pimienta de limón
1 cubito de caldo de pescado concentrado
1 pizca de nucz moscada
1 pizca de bijol
1 pizca de sal
1 pizca de azúcar (opcional)

En una sartén disuelva el cubito de pescado en agua, añada la cebolla y cocínela hasta que esté transparente. Añada la leche en polvo a la leche tibia, mezcle y ponga aparte. Agregue la nuez moscada, la pimienta de limón y el bijol en la sartén. Incorpore los mariscos y el vino. Deje cocinar por unos cinco minutos o hasta que los camarones estén rosados. Ponga esta mezcla en una licuadora o procesadora y añada la mitad de la leche. Comience a licuarla y vaya incorporando la leche hasta tener una consistencia cremosa. Por último, vierta esta crema en una olla y caliente a fuego bajo. Corrija la sazón y eche el azúcar. Sirva bien caliente.

Este bisque es ideal para servir en tacitas de café y pasarla en bandejas como aperitivo después de los cocteles, antes de la cena.

154 calorías, 1.5 gramos de grasa

SOPA DE ALMEJAS

4 PORCIONES

4 ½ tz. de jugo de almejas
3 tz. de agua
½ tz. de papas peladas y cortadas en trocitos
½ tz. de zanahorias picaditas en trocitos
½ tz. de apio picadito
1cdta. de mantequilla batida (whipped butter)
½ cebolla picadita
4 dientes de ajo machacados
1 ½ lb. (¾ Kg) de almejas
2 tz. de vino blanco seco
1 cda. de cilantro picadito
1 cdta. de perejil italiano
1 cubito de caldo de pescado
1 limón dividido en 4

Ponga a hervir el cubito de pescado en el agua y agregue el jugo de almejas. Añada las papas, las zanahorias y el perejil. Tape y cocine por 10 ó 12 minutos. En una sartén honda, derrita la mantequilla, añada el ajo y la cebolla. Luego, añada el vino y las almejas. Tape y cocine unos tres minutos. Al final, mueva la sartén y destape. Descarte las almejas que quedaron cerradas. Sazone con sal y pimienta a gusto. Eche las almejas con su líquido en platos individuales y agregue el caldo con los vegetales de la otra olla. Exprima ¼ de limón a cada plato. Sirva inmediatamente.

216 calorías, 3.35 gramos de grasa

CHUPE DE CAMARONES

6 PORCIONES

2 lbs. (1 Kg) de camarones
8 tz. de agua
½ tz. de arroz lavado
1 cebolla grande finamente picada
⅓ tz. de queso fresco desmenuzado
1 cdta. de ajo molido
Sustituto de huevo líquido equivalente a dos huevos
2 tomates picaditos
½ tz. de zanahoria picada
1 cda. de salsa de tomate
1 lb. (½ Kg) de calabaza (zapallo)
⅓ tz. de apio picado
2 cdtas. de perejil picadito
½ tz. de "petit pois" (arvejas)
2 lbs. (1 Kg) de papas blancas cortadas en trozos
1 choclo en rodajas (maíz, elote)
½ tz. de caldo de pescado
1 tz. de leche evaporada sin grasa
Sal, pimienta y orégano a gusto

Cocine los ajos en el caldo de pescado y agregue la cebolla, los tomates, la salsa de tomate, la sal, la pimienta y el orégano. Deje cocinar por unos minutos. Añada el agua, la calabaza, el apio, el maíz, las zanahorias, las papas y el arroz. Deje cocinar tapado por 20 minutos. Agregue los camarones y continúe la cocción por 10 minutos más. Agregue los "petit pois" y mezcle bien.

Incorpore los huevos batidos y el perejil. Añada la leche, pero no la deje hervir, mezcle bien y retire del fuego. Sirva inmediatamente bien caliente con un poco de queso desmenuzado sobre cada plato.

414 calorías, 5.1 gramos de grasa

VIANDAS Y VEGETALES

PIMIENTOS ROJOS RELLENOS CON CALABACIN Y MAIZ

4 PORCIONES

4 pimientos rojos, limpios y cortados en mitades
1 cubito de caldo de pollo concentrado disuelto en
   ½ tz. de agua
1 cebolla grande picadita
2 dientes de ajo machacados
3 tazas de calabacín picadito (zucchini)
1½ tz. de maíz (elote) congelado
1 tz. de pimientos rojos picaditos
1 tz. de queso cheddar o mozzarella sin grasa rallado
¼ tz. de perejil picadito
1 pizca de paprika
Sal y pimienta a gusto
Grasa en aerosol

En un horno precalentado a 400°F (200°C) coloque los pimientos en una bandeja de hornear por 15 minutos. Sáquelos del horno y póngalos aparte. Reduzca la temperatura a 375°F (190°C). En una sartén, eche el cubito de pollo, el ajo y la cebolla. Luego agregue el pimiento rojo picadito, los calabacines, el maíz, la sal y pimienta a gusto. Revuelva todo y deje ablandar por varios minutos. Con esta mezcla rellene las mitades de pimientos y vaya colocándolos en una bandeja engrasada con grasa en aerosol. En el fondo de la bandeja, ponga un cucharón de agua para darle humedad a los pimientos. Cubra con papel de aluminio y hornee por espacio de 20 minutos. Quite el papel de aluminio. Eche por encima el queso y el perejil y hornee hasta que el queso se derrita, aproximadamente 30 segundos.

88 calorías, 1.5 gramos de grasa

PLATANOS EN TENTACION

4 PORCIONES

2 plátanos grandes bien maduros con la cáscara oscura
4 cdas. de azúcar morena
3 oz. (90 gramos) de vino seco
1 cdta. de canela en polvo
4 cdtas. de mantequilla batida (whipped butter)
4 cdas. de queso mozzarella sin grasa

Precaliente el horno a 400°F (200°C). Pele los plátanos, hágales un corte de un solo lado a todo lo largo hasta llegar al centro y, si desea, quíteles el corazón. Divídalos en dos para tener cuatro trozos. Coloque cada trozo en un pedazo de papel de aluminio. Inserte los trocitos de mantequilla en el corte. Rocíe el vino seco. Eche el azúcar morena apretándola un poco en el centro. Espolvoree la canela y cierre el papel de aluminio formando unos paquetitos bien sellados. Colóquelos en una bandeja de hornear. Hornee por 20 minutos. Sáquelos de los paquetitos y sirva en una fuente o directamente en platos individuales. Rocíeles el almíbar que quedó en los paquetitos por encima. Como alternativa puede insertar un poquito de queso mozzarella en los cortes y llevar al horno hasta que el queso se derrita.

186 calorías, 1.05 gramos de grasa

> **Nota:** Los plátanos deben tener la cáscara negruzca ya que, aunque se vean feos, este color es indicativo de que están bien maduros.

TIMBALITOS DE VEGETALES EN SALSA DE PIMIENTOS

8 PORCIONES

2 lb. (1 Kg) de coliflor
2 cdas. de crema de leche
1 cda. de bijol
1 cdta. de ajo en polvo
2 lb. (1 Kg) de espinacas
2 huevos
1 pizca de nuez moscada
Sal y pimienta a gusto
Salsa de pimientos (ver salsas y aderezos)
Grasa en aerosol

Prepare la salsa de pimientos y ponga aparte. Precaliente el horno a 350°F (180°C). Corte y descarte los tallos de la coliflor. Echela en un recipiente con agua hirviendo y un poco de sal. Hierva sin tapar hasta que esté tierna. Póngala en una licuadora o procesadora con la crema de leche, el bijol y la sal a gusto. Haga un puré y ponga aparte. Lave bien las espinacas en agua fría y quíteles la vena del centro. Echelas en agua hirviendo con un poco de sal y cocine de tres a cuatro minutos. Escúrralas con un cucharón sobre un colador de malla para sacar bien el exceso de líquido. Póngalas en una licuadora o procesador y hágalas puré. En dos ollitas individuales, cocine los purés de vegetales a fuego lento, moviendo constantemente, hasta que el líquido se haya evaporado (de cinco a siete minutos). Añada al puré de espinacas la sal, nuez moscada y ajo en polvo. Retire del fuego los dos purés. Engrase con grasa en aerosol el interior de 8 moldes de soufflé individuales. Llene con agua hirviendo hasta la mitad una bandeja de hornear de cristal refractario. En un tazón, bata un huevo con sal y pimienta a gusto. Agréguelo al puré de coliflor. Repita esta operación con el puré de espinacas. Con una cuchara, eche puré de coliflor en el fondo de los moldes cuidando de dejar espacio para, con otra cuchara, echar puré de espinacas sobre el puré de coliflor. No llene los moldes hasta arriba. Ponga los moldes en la bandeja con agua (a baño de María) y hornée de 15 a 20 minutos o hasta que estén cocinados. Vuelva a calentar la salsa de pimientos. Con un cuchillo previamente mojado en agua caliente, separe los timbalitos de las paredes del molde. Vierta la salsa de pimientos en platos individuales. Desmolde los timbalitos en el centro y écheles una gotita más de salsa. Sirva inmediatamente.

152 calorías, 5 gramos de grasa

> **Nota:** La espinaca siempre se pone al final en los moldes porque es la que formará una base firme cuando se desmolde el timbalito.

ESPARRAGOS CON SALSA HOLANDESA

4 PORCIONES

1 lb. (½ Kg) de puntas de espárragos frescos
1 tz. de salsa holandesa (ver aderezos y salsas)
1 cda. de queso parmesano bajo en grasa (light) rallado

Prepare la salsa holandesa. Amarre las puntas de espárragos con un cordelito y póngalos a hervir parados con las puntas hacia arriba durante 15 minutos. Mantenga el agua por debajo de las puntas. Escurra y mantenga caliente. Ponga los espárragos calientes en una fuente y vierta la salsa por encima. Espolvoree el queso rallado. Sirva inmediatamente.

117 calorías, 0 grasa

VEGETALES AL PINCHO

4 PORCIONES

1 calabacín grande cortado en 8 trozos
8 cebollitas
8 hongos tipo "cremini"
8 tomatillos
1 pimiento rojo cortado en trozos
1 pimiento verde cortado en trozos
8 coles de Bruselas
¾ tz. de salsa parrillera (ver salsas y aderezos)
Grasa en aerosol
4 pinchos

Precaliente el horno a 350°F (180°C). Mezcle el resto de los ingredientes en un tazón. Con la grasa en aerosol, engrase la parrilla de una bandeja de hornear. Coloque los trozos de vegetales en los pinchos de forma alterna, menos los tomatillos. Coloque los pinchos sobre la parrilla engrasada. Hornee por aproximadamente ocho minutos. Páseles la brochita con la salsa varias veces, inserte los tomatillos mojados en la salsa al final de los pinchos y hornee siete minutos más pasando la brochita con salsa una o dos veces. Esta receta también se puede hacer en la parrilla de la barbacoa y el carbón le dará un sabor especial. Acuérdese de engrasar la parrilla.

56 calorías, 0.3 gramo de grasa

MANGU

4 PORCIONES

3 plátanos verdes medianos
1 cebolla picadita
1cda. de aceite de oliva
½ tz. de caldo de pollo desgrasado
Sal a gusto

En una olla, hierva los plátanos. En una sartén aparte, sofría la cebolla con el aceite de oliva y el caldo de pollo. Cuando los plátanos se hayan ablandado, haga un puré en un recipiente hondo, añadiendo poco a poco, de la misma agua donde los hirvió. Cuando la masa quede bien suave, agregue el sofrito de la cebolla, el aceite de oliva y el caldo de pollo, y mezcle bien. Añada sal a gusto. Sirva inmediatamente.

207 calorías, 3.5 gramos de grasa

Nota: Pele los plátanos debajo del de agua de la llave.

GUISO DE VEGETALES

8 PORCIONES

1½ lb. (¾ Kg) de papas medianas
2 pimientos verdes limpios y cortados en trozos
1 calabacín (zucchini) cortado en trozos
2 tomates cortados en trozos
1 col pequeña cortada en trozos
2 zanahorias grandes cortadas en trozos
2 cebollas grandes cortadas en rodajas
1 cdta. de salsa inglesa (Worcestershire)
1 hoja de laurel
1 ramita de orégano fresco
¼ cdta. de orégano en polvo
¼ cdta. de tomillo en polvo
1 cdta. de albahaca fresca picadita
1 cdta. de romero fresco
1 cubito de caldo de pollo concentrado disuelto
   en 1 tz. de agua
4 lascas de tocineta picadita
2 cdas. de maicena diluída en un poquito de agua
Grasa en aerosol

Lave bien las papas, déjelas con la cáscara y córtelas en cuartos. Lave el resto de los vegetales y póngalos en una fuente de cristal refractario engrasada con aceite en aerosol. Añada las especias, las hierbas aromáticas, la tocineta y el caldo de pollo. Precaliente el horno a 350ºF (180ºC). Tape la fuente con papel de aluminio y hornee por 40 minutos o hasta que los vegetales estén tiernos. Cuando los retire del horno, ponga el líquido de la fuente en una olla y añada la maicena. Cocine a fuego bajo hasta que espese, por unos 10 minutos revolviendo constantemente con un cucharón de madera. Añada más líquido si fuera necesario. Corrija la sazón. Vierta sobre los vegetales y llévelos a una fuente. Sirva enseguida.

160 calorías, 0.8 gramos de grasa

PASTELON DE BATATA AMARILLA CON FRUTAS

8 PORCIONES

6 batatas amarillas medianas (boniatos, camotes)
2 tz. de piña enlatada o manzanas frescas
   lasqueadas (si utiliza manzanas, rocíelas con
   jugo de limón)
½ tz. de azúcar morena
¼ cdta. de canela
½ tz. de jugo de piña o de manzana
Grasa en aerosol

Pele las batatas y córtelas en rodajas de ½ pulgada (1 cm.). Hiérvalas tapadas hasta que estén casi hechas. Cocine las manzanas en poca agua, hasta que estén casi hechas. Precaliente el horno a 350ºF (180ºC). En una fuente de hornear de cristal refractario engrasada con grasa en aerosol, coloque una capa de rodajas de batata y encima una capa de piña o manzanas. Espolvoree cada capa con la canela y el azúcar morena. Hornee durante una hora.

210 calorías, 0 grasa

PAPITAS BBQ "FRITAS" AL HORNO

4 PORCIONES

4 papas grandes blancas con cáscara
Especia o sal sazonada con sabor a BBQ
Grasa en aerosol

Lave bien las papas y frótelas con un cepillo. Séquelas y córtelas en tiras de media pulgada (1 cm.) de grosor. Precaliente el asador superior o "broiler" del horno. Ponga las papas a remojar en un tazón por 10 minutos. Escúrralas en un colador y seque bien con una toalla de papel. Rocíelas con accite en aerosol. Colóquelas en una bandeja de hornear pizza o galletitas. Espolvoree la sal sazonada y hornee de 30 a 40 minutos. Con unas tenazas voltéelas varias veces. Retire cuando estén bien doraditas.

88 calorías, 0 grasa

REPOLLO RELLENO EN SALSA DE TOMATE

8 PORCIONES

16 hojas de repollo
½ lb. de picadillo de carne 95% sin grasa
3 tz. de arroz blanco cocido
1 cebolla grande picadita
2 dientes de ajo picaditos
½ pimiento verde picadito
1 cdta. de orégano en polvo
½ cdta. de comino
1 cdta. de aceite de oliva
2 cdas. de azúcar morena
2 latas de salsa de tomate
1 tz. de caldo de carne desgrasado o de cubito
1 ramita de tomillo
Hojitas de salvia picaditas
¼ tz. de vino seco
1 pizca de ají molido (opcional)
Adobo mixto en polvo

Adobe la carne con el adobo mixto. Déjela tapada una hora en la nevera. Para hacer la salsa, sofría en un caldero el ajo con el aceite, agregue un poco del caldo de res, la cebolla, el pimiento; luego agregue el resto de las especias y la salsa de tomate. Cocine tapada a fuego lento por media hora. Agregue el azúcar y el vino seco.

Cocine un poquito el picadillo en la sartén tan solo para que suelte la grasa que pueda tener, no lo cocine demasiado. Escúrralo en un colador y mézclelo en un tazón con el arroz blanco.

Remoje las hojas de col en agua con sal hirviendo durante cuatro o cinco minutos. Escúrralas y póngalas sobre papel absorbente.

Con una cuchara o con la mano haga unas bolitas con el picadillo y ponga sobre cada hoja. Doble hacia adentro los lados más cortos y luego enrolle. Asegure con un palito de dientes y échelos con la salsa de tomate en una fuente de hornear. Procure que queden apretaditos. Tape y hornee por 50 minutos en un horno precalentado a 350°F (180°C). De vez en cuando échele la salsa por encima. Sirva con arroz blanco.

235 calorías, 10 gramos de grasa

YUCA CON MOJO

4 trozos de yuca de 4½'' (11½ cm.) de largo
1 cdta. de sal
4 dientes de ajo picaditos
Jugo de 2 limones
4 cdtas. de aceite de oliva
Sal a gusto

Hierva la yuca hasta que este bien tierna. Puede también utilizar la yuca congelada y hervirla según las instrucciones del paquete. Ponga la yuca en una fuente de servir y échele el jugo de limón. Si quiere échele ahora un poquito de sal.

En un sartencito de material antiadherente, eche el aceite y el ajo. Cuando el ajo empiece a dorarse, vierta sobre cada trozo de yuca. Sirva enseguida.

92 calorías, 4 gramos de grasa

ESPINACAS GRATINADAS

1 cubito de caldo de pollo concentrado
¼ tz. de agua
10 oz. (300 gramos) de espinacas picadas frescas
 o congeladas
2 oz. (60 gramos) de queso crema sin grasa
½ tz. de leche sin grasa
½ tz. de sustituto de huevo líquido
¼ tz. de cebolla finamente lasqueada
1 cdta. de ajo picadito
¾ tz. de migas de pan
2 cdas. de queso parmesano bajo en grasa (light), rallado
Sal a gusto
Grasa en aerosol

Precaliente el horno a 350°F (180°C). En una sartén, diluya el cubito de pollo en el agua y cocine el ajo y la cebolla hasta que casi se consuma el líquido. En otra olla, cocine la espinaca. Una vez cocinada, escúrrala apretándola con un cucharón en un colador de malla para quitar el exceso de agua. Devuélvala a la olla, agregue el queso crema y revuelva hasta que se derrita.

Añada la leche, el sustituto de huevo, la sal, el ajo y la cebolla cocinados. Mezcle todo bien. Engrase una fuente de hornear con el aceite en aerosol y vierta la mezcla de la espinaca. Póngale por encima las migas de pan, el queso parmesano y rocíe un poco más de aceite en aerosol. Hornee de 20 a 30 minutos aproximadamente o hasta que se dore por encima.

69 calorías, 0.6 gramos de grasa

BUDIN DE MAIZ Y BATATA

6 PORCIONES

½ cebolla rallada
1 lata de 12 oz. (350 gramos) de crema de maíz (elote)
½ tz. de puré de batata (boniato, camote)
1 tz. de leche evaporada sin grasa
Sustituto de huevo líquido equivalente a 3 huevos
1 cdta. de sal
¼ tz. de maicena
½ de caldo de pollo

Caliente el horno a 350°F (180°C). Sofría la cebolla con un poco del caldo de pollo. Vierta esta mezcla en un tazón grande. Revuelva y añada el maíz, la batata, la leche, el sustituto de huevo y la sal. Disuelva la maicena en el resto del caldo de pollo, vierta sobre la mezcla de maíz y batata y mezcle bien. Engrase un molde de hornear, eche la mezcla y hornee de 45 a 60 minutos, hasta que crezca y se dore.

85 calorías, 1 gramo de grasa

> **Nota:** Si utiliza huevos enteros cada porción tendrá 110 calorías y 3.5 gramos de grasa.

PORTOBELLO "STEAK"

2 PORCIONES

1 cebolla grande lasqueada
4 hongos o setas tipo Portobello
2 cdas. de salsa de soya "light"
½ tz. de caldo de cubito de pollo concentrado
1 diente de ajo machacado

Corte el tallo de los hongos y póngalos aparte. Haga un sofrito con la mitad del caldo y el ajo, cuando el ajo empiece a ablandar, échele la cebolla y el resto del caldo. Espere un minuto y añada los hongos, los tallos picaditos y la salsa de soya. Cocine a fuego bajo. Tape y suba un poco el fuego hasta que los hongos y la cebolla se ablanden. Los hongos no deben quedar demasiado blandos. Sirva caliente acompañado de arroz, puré de papas o vegetales mixtos.

Esta receta es un sustituto de carne ideal para vegetarianos, no tanto por su equivalencia alimenticia, pero sí por su sabor.

62.5 calorías, 0 grasa

CHAYOTE RELLENO

8 PORCIONES

4 chayotes grandes
4 rebanadas de pan de molde bajo en grasa
¾ tz. de leche sin grasa
1 cda. de mantequilla batida (whipped butter)
  baja en grasa (light)
½ tz. de queso mozzarella sin grasa rallado
4 cdas. de azúcar
1 cdta. de vainilla
1 cda. de almendras rebanadas
½ tz. de pasitas (uvas pasas) sin semillas
½ tz. de pan natural sin sazón rallado
2 cdas. de queso parmesano bajo en grasa rallado
Sal a gusto
Grasa en aerosol

Ponga a hervir los chayotes hasta que ablanden. Sáquelos del agua y deje que refresquen. Córtelos a la mitad y con una cuchara, saque la pulpa con cuidado de no romper la cáscara. En un recipiente, ponga a remojar las rebanadas de pan con la leche. Mézclelas con la pulpa de chayote, la mantequilla, el queso mozzarella y el azúcar. Cocine a fuego lento, revolviendo para unirlo todo bien. Retire del fuego. Añada las pasitas y la vainilla. Corrija la sazón. Con esta mezcla rellene las mitades de los chayotes. Colóquelos en una fuente de hornear previamente engrasada con grasa en aerosol. Eche las almendras por encima. Aparte, mezcle el pan rallado con el queso parmesano y espolvoree sobre los chayotes rellenos. Lleve a un horno precalentado a 375°F (190°C) por media hora o hasta que se dore el queso.

173 calorías, 3.6 gramos de grasa

PASTELON DE PLATANOS

8 PORCIONES

8 plátanos medianos maduros hervidos
1 lb. (½ kg) de picadillo de filete (tenderloins)
  limpio de grasa
3 oz. de pasitas (uvas pasas)
1 cubito de carne
1 cebolla grande picadita
2 dientes de ajo
1 cdta. de orégano
½ cdta. de comino
1 tz. de queso mozarella sin grasa
½ tz. de leche sin grasa
Sal a gusto
Grasa en aerosol

Picadillo: Sofría a la cebolla y el ajo con el cubito disuelto en ½ taza de agua. Agregue la carne, el comino y el orégano. Revolviendo eche las pasitas. Siga revolviendo y añada una pizca de azúcar, si desea.

En un tazón, aplaste y una los plátanos con un poco de leche hasta hacerlo un puré firme.

Engrase una fuente de cristal refractario y eche la mitad del puré de plátano. Cubra todo el fondo. Esparza el picadillo por encima y cúbralo con la otra mitad del puré de plátano Agregue el queso por encima y rocíele grasa en aerosol.

Hornee en un horno precalentado a 350°F (180°C) hasta que el queso se gratine un poco. Aproximadamente 10 minutos.

279 calorías, 12 gramos de grasa

PURE DE COLIFLOR

4 PORCIONES

4 tz. de coliflor hervida y cortada en trocitos
½ tz. de leche fresca sin grasa
4 cdtas. de queso parmesano sin grasa
¼ cdta. de nuez moscada
¼ cdta. de mantequilla batida (whipped butter)
Una pizca de pimentón
Sal a gusto

Ponga los trocitos de coliflor con la leche en una licuadora o procesador y haga un puré. Eche más líquido si fuera necesario. Vierta el puré en una olla de material antiadherente a fuego mediano y remueva. Haga esto unos minutos para que se evapore un poco el líquido de la coliflor. Añada la mantequilla, la sal y la nuez moscada.

Vierta en cuatro ollitas individuales de barro o cristal refractario y espolvorée una cucharadita de queso parmesano y una pizca de pimentón sobre cada una. Póngalas debajo del asador superior o "broiler" de su horno. Cuando el queso comience a dorarse, saque las cazuelitas y sirva inmediatamente.

54.6 calorías, 0.6 gramo de grasa

COLES DE BRUSELAS O BROCULI CON SALSA DE QUESO

4 PORCIONES

2 tz. de coles de Bruselas o de bróculi
Salsa de queso (ver salsas y aderezos)

Prepare la salsa de queso. Hierva los vegetales frescos o congelados. Escurra los vegetales en un colador, ponga en una fuente y vierta por encima la salsa de queso bien caliente.

Con coles de Bruselas: 94.5 calorías y 1 gramo de grasa.
Con bróculi: 79.5 calorías y 1.35 gramos de grasa.

PASTELITOS DE CEBOLLA Y QUESO

4 PORCIONES

4 cebollas dulces medianas
4 hojas de masa de hojaldre de paquete
4 onzas (125 gramos) de queso mozarella
  sin grasa
1 cubito de pollo disuelto en ½ de taza de agua
Una clara de huevo
Pimienta a gusto
2 cdtas de aceite de oliva.
Grasa en aerosol

Corte las cebollas en rodajas muy finas. En una sartén 'saltee' las cebollas en el caldo de pollo hasta que estén transparentes y se haya consumido el caldo. Echeles el aceite de oliva. Retire las cebollas del fuego y ponga aparte

Saque las hojas de masa de hojaldre del paquete. Coloque una sobre el mostrador, mientras deja las otras tapadas con un paño para que no se resequen. Rocíe con grasa en aerosol. Con cuidado destape las otras y coloque la segunda hoja encima de la que roció antes y rocíe esta también. Repita la operación hasta haber rociado las cuatro hojas. Con unas tijeras corte la masa en cuadrados de 4 x 4 cm. (10 x 10 cm.) aproximadamente. Colóquelas dentro de 4 moldes de una bandeja de hornear panecilllos ingleses (English muffins) previamente engrasados con grasa en aerosol.

Rellene el interior de cada masa de hojaldre con la cebolla que reservó en la sartén. Añada pimienta a gusto. Echeles el queso mozzarella por encima. Cierre cada pastelito en el centro doblando hacia

adentro las puntas. Unteles un poquito de clara de huevo con una brochita para que queden bien selladas en el centro. Pase la brochita con huevo por encima también para que los pasteles adquieran un tono dorado.

Ponga la bandeja de hornear en un horno precalentado a 400°F (220°C) y hornee durante diez o doce minutos o hasta que el hojaldre esté dorado. Sirva inmediatamente.

105 calorías, 2.5 gramos de grasa

PASTAS, ARROCES
Y GRANOS

PAELLA

6 PORCIONES

2 colas pequeñas de langosta cortadas en trozos
  de 1 pulgada (2 cm.)
3 ½ lbs. (1¾ Kg) de camarones desvenados
  y sin cola
1 pechuga de pollo cortada en trozos
12 almejas
12 mejillones
1 cabeza de cherna (o de otro pescado)
4 tz. de arroz de grano corto
4 tz. de caldo de pollo sin grasa
1 cubito de caldo de pescado concentrado
8 oz. (250 gramos) de jugo de almejas embotellado
2 cebollas medianas
1 pimiento verde picadito
2 dientes de ajo picadito
½ cdta. de comino en polvo
2 cdtas. de orégano fresco picadito
1 hoja de laurel
1 cdta. de cilantro fresco picadito
1 cda. de aceite de oliva
1 a 2 cdtas. de bijol o azafrán para teñir el arroz
  a su gusto
½ tz. de vino seco
1 lata de arvejas (petit pois)
Pimientos morrones envasados
Sal y pimienta a gusto

En una olla tapada, pongo tres tazas de agua y diluya el
cubito de pescado. Hierva la cabeza de cherna y retírela
del caldo. Enfríe en la nevera y saque la grasa cuajada
con un cucharón o colador fino pequeño.

En una sartén grande y honda de material
antiadherente, o en una paellera grande, eche la
cucharada de aceite con el ajo, luego añada la cebolla,
el pimiento verde, el comino, el orégano, el laurel y el
cilantro. Agregue un poquito de caldo de pollo para
que no se reseque el sofrito. Incorpore los trozos de
pollo al sofrito y cocine unos minutos a fuego
mediano. Remueva el pollo de la sartén.

Eche el arroz al sofrito. Agregue el caldo de pescado y
el jugo de almejas. Deje que el líquido se consuma un
poco. Baje el fuego y siga cocinando con tapa por 10
minutos, echando más caldo de pollo si fuera necesario
para mantener el arroz húmedo.

Incorpore los trozos de langosta, los camarones, los
mejillones, las almejas y los trocitos de pollo. Eche el vino.
Cocine tapada de 8 a 10 minutos más hasta que los
camarones se pongan rosados. Descarte las almejas y los
mejillones que no se hayan abierto. Agregue sal y
pimienta gusto. Vierta las arvejas y revuelva. Adorne con
pimientos morrones cortados en tiras. Sirva enseguida.

562 calorías, 6 gramos de grasa

LASAGNA

8 PORCIONES

1 pqte. de pasta de lasagna
2 tz. de queso mozzarella sin grasa rallado
¼ tz. de queso parmesano sin grasa rallado
16 oz. (½ Kg) de queso ricotta sin grasa
1 tz. de requesón (cottage cheese) sin grasa
2 cdas. de perejil picadito
2 latas (8 oz. cada una) de salsa de tomate
1 lata (16 oz.) de tomates picaditos
2 cdas. de pasta de tomate
1 tz. de setas u hongos en lascas
1 cebolla grande bien picadita
1 cdta. de sazón italiana
2 cdtas. de ajo machacado
1 lb. (½ Kg) de picadillo de carne 97% sin grasa
½ cdta. de adobo mixto sin sal
1 cubito de caldo de carne concentrado
1 cdta. de orégano
½ cdta. de comino
1 cdta. de albahaca picadita
1 cdta. de azúcar
Grasa en aerosol

Eche ½ cucharadita de adobo mixto a la carne, cocínela en una sartén a fuego mediano y exprima en un colador todo el exceso de grasa. Sofría la cebolla y el ajo en un cubito de caldo de carne concentrando disuelto.

Cuando la cebolla esté cristalina, añada las setas y, cuando estén cocinadas, incorpore la sazón italiana el orégano y el comino. Añada la albahaca.

Mezcle bien el picadillo con el sofrito. Retírelo del fuego. En una olla grande y profunda, ponga la salsa de tomate, los tomates picaditos y la pasta de tomate. Tape y deje cocinar a fuego bajo por una hora. Agregue el picadillo. Tape y cocine media hora más. Añada una pizca de azúcar para cortar la acidez de la salsa de tomate. Cocine la pasta según las instrucciones del paquete dejándola "al dente". Vierta la pasta en un colador, enjuáguela con agua fría y escúrrala.

Eche un poco de grasa en aerosol a la fuente donde va a hacer la lasagna. Vierta en el fondo dos cucharones de salsa y comience a colocar la pasta hasta cubrirlo. Agregue parte del picadillo con salsa en el centro de las piezas de pastas. Agreque el queo ricotta.

Ponga otra capa de pasta. Vuelva a echar más picadillo con salsa y una capa de requesón, siempre en el centro de cada pieza de pasta. La última capa de pasta va colocada a lo ancho de la fuente.

Mezcle el perejil con el queso ricotta, vierta un poco más de salsa carne por encima a la pasta y esparza el queso ricotta con perejil. Eche por encima los quesos mozzarella y parmesano rallados.

Lleve la fuente a un horno precalentado a 350°F (180°C) por 45 minutos aproximadamente, cubriéndola antes con papel de aluminio. Una vez transcurrido el tiempo de cocción, quite el papel de aluminio y deje en el horno hasta que el queso se dore. Retire del horno y deje que la lasagna repose unos 10 minutos antes de servir para que el queso se endurezca y no se desarme. Por eso, queda mejor si se guarda en la nevera o refrigerador de un día para otro y se recalienta para servirla.

375 calorías, 7 gramos de grasa

ARROZ CON POLLO IMPERIAL

8 PORCIONES

8 tz. de arroz hervido sin aceite y teñido con bijol
2 lb de pechugas de pollo sin piel hervidas
 y desmenuzadas
2 cebollas picaditas
1 pimiento verde picadito
2 dientes de ajo picaditos
1 cdta. de orégano
½ cdta. de pimienta
2 cdas. de adobo mixto
1 lata pequeña de arvejas o (petit pois)
1 tz. de mayonesa sin grasa
2 tz. de queso mozzarella sin grasa rallado
1 cda. de cilantro
Pimientos morrones
Grasa en aerosol

Espolvoree el adobo mixto sobre el pollo y refrigere tapado una hora. Para el sofrito, use una pequeña cantidad del caldo en que hirvieron las pechugas, añada las cebollas y, cuando estén suaves y transparentes, añada el cilantro, el pimiento y las demás especias. Incorpore las pechugas desmenuzadas. Revuelva unos minutos a fuego lento.

En una fuente de cristal refractario engrasada con grasa en aerosol, extienda una capa de arroz y cubra con una capa de pollo. Luego cubra totalmente el pollo con la mayonesa y ponga encima otra capa de arroz. Riegue las arvejas y luego, coloque con el queso como capa final. Adorne con unas tiritas de pimiento morrón. Hornee en el horno precalentado a 350°F (180°C), hasta que el queso se derrita.

330 calorías, 5 gramos de grasa

ARROZ CARNAVAL

6 PORCIONES

4 tz. de arroz cocinado
3 zanahorias cocinadas picaditas
½ pimiento amarillo picadito
1 cebolla picadita
1 tomate pelado y picadito
1 tz. de jamón cocido (sin grasa) picado en
 trozos pequeños
1 tz. de agua
2 cajitas de pasitas (uvas pasas)
1 cubito de caldo de jamón concentrado
Arvejas o petit pois para decorar
Bijol a gusto (opcional)

En una sartén, disuelva el cubito de jamón en una taza de agua. Sofría el jamón, la cebolla, el pimiento y el tomate. Añada el bijol, el arroz y las zanahorias. Mezcle bien a fuego mediano. Incorpore las pasitas, tape y deje cocinar por unos minutos. Retire del fuego y sírvalo en una fuente. Decore con las arvejas o "petit pois".

214 calorías, 2.41 gramos de grasa

ARROZ CON COCO

4 PORCIONES

1 tz. de arroz de grano largo
3½ tz. de leche sin grasa
½ tz. de coco rallado de lata
¼ tz. de azúcar
Sal a gusto

Hierva la leche y el arroz hasta que se consuma un poco del líquido. Agregue el coco, el azúcar y la sal. Tape y cocine a fuego lento hasta que el líquido se consuma totalmente (20 minutos aproximadamente). Ideal para servir con comidas orientales, para acompañar cerdo, o carnes y aves guisadas.

297 calorías, 3 gramos de grasa

PASTEL DE FIDEOS

6 PORCIONES

8 oz. (¼ Kg) de capellini o fideos bien finos
½ tz. de una combinación de cebollinos
 y chalote picados finamente
¼ tz. de caldo de pollo desgrasado
2 cdtas. de aceite de oliva
1 cda. de sal gruesa
Pimienta fresca molida a gusto
Sal a gusto
Grasa en aerosol

Hierva los capellinis en agua salada y cocine "al dente" de tres a cuatro minutos. Mezcle los cebollinos y chalotes con una cucharadita de aceite, sal y pimienta a gusto. Engrase una sartén de material antiadherente de 12 pulgadas (30½ cm.) con un poquito de grasa en aerosol y media cucharadita de aceite de oliva. Ponga la sartén a fuego mediano y eche los fideos. Presione con una espátula para formar una especie de pastel. Cocine 10 minutos o hasta que esté dorado por debajo.

Invierta los fideos compactados en un plato grande. Eche media cucharadita de aceite de oliva y más aceite en aerosol en la sartén.

Deslice el pastel de fideos de nuevo en la sartén y cocine 10 minutos más, o hasta que esté dorado por debajo. Cocine los cebollinos en el caldo de pollo, escúrralos y échelos sobre el pastel de fideos.

155 calorías, 2 gramos de grasa

> **Nota:** Este pastel de fideos es ideal para sustituir la papa como acompañante y se puede hacer un salteado de verduras y acomodarlo por arriba del pastel al servir. Para mantenerlo caliente puede guardarse tapado en el horno hasta por una hora, a una temperatura de 250°F (120°C).

GUISO DE GARBANZOS Y CHORIZO

6 PORCIONES

6 tz. de garbanzos enlatados
3½ oz. (⅛ Kg) de chorizo rebanado
1 tz. de jamón 95% sin grasa cortado en trocitos
2 cebollas medianas cortadas en trocitos
1 pimiento verde picadito
1 cdta. de orégano o 1 ramita de orégano fresco
1 ramita de salvia picadita
1 ramita de tomillo picadito
1 diente de ajo picadito
½ cubito de caldo de carne concentrado
2 oz. (60 gramos) de vino seco rojo
Sal y pimienta a gusto

Reserve el agua de las latas de los garbanzos. En una sartén honda, a fuego mediano, disuelva el medio cubito de caldo de carne en media taza del agua de los garbanzos y eche el chorizo. Cocine a fuego mediano tapado por 10 minutos.

Luego, destape y agregue más agua de garbanzo, la cebolla, el ajo, el pimiento, el orégano, la salvia y el tomillo. Revuelva y agregue el jamón. Baje el fuego. Añada los garbanzos y el resto del agua de las latas. Tape y deje cocinar aproximadamente 10 minutos, revolviendo de vez en cuando. Añada más agua si es necesario.

En una licuadora o procesador, eche una taza restante de garbanzos con un poco de su agua y haga un puré. Viértalo sobre la mezcla en la sartén. Agregue el vino, la sal y la pimienta a gusto. Tape y cocine a fuego lento 10 minutos más. Sirva bien caliente.

198 calorías, 7 gramos de grasa

RISOTTO DE SALMON

4 PORCIONES

1 lb. (½ Kg) de filete de salmón sin piel y cortado en cubos
1 cda. de margarina baja en grasa (light)
1 cdta. de extracto u hojuelas con sabor a mantequilla
1 atado pequeño de cebollinos (solamente la parte blanca picadita)
½ pepino pelado, sin semilla y picadito
2 tz. de arroz "risotto"
4 tz. de caldo de pescado
⅔ tz. de vino seco blanco
3 cdas. de perejil fresco picadito
Caviar y espárragos (opcional)

Caliente la margarina en una olla y añada los cebollinos y el pepino. Cocine de dos a tres minutos. Agregue el arroz y parte del caldo. Deje hervir por tres minutos moviendo una vez. Continúe echando más caldo para que se mantenga mojado. Incorpore el salmón y el perejil. Cocínelo por cinco minutos más, agregue el extracto o las hojuelas de mantequilla y el vino. Apague el fuego y deje reposar unos minutos.

385 calorías, 9 gramos de grasa

Nota: Para una presentación más vistosa, haga una pirámide con el risotto. Tape el huequito interior de un embudo con un taquito de papel aluminio. Eche 1 cdta. de caviar rojo, luego rellene hasta la mitad con el risotto y después con una capa delgada de puntas de espárragos. Finalmente, ponga otra capa de risotto. Vire al revés en un plato. Sirva enseguida.

RISOTTO VEGETARIANO

6 PORCIONES

1 tz. de arroz risotto
1 lb. (½ Kg) de espárragos cortados en trozos
2 tz. de flores de bróculi fresco
½ tz. de (petit pois) congelados
½ tz. de zanahorias picadas en trocitos pequeños
1 cebolla mediana picadita
2 cdtas. de aceite de oliva
3 cdas. de queso parmesano sin rallado grasa
½ tz. de caldo de pollo desgrasado

Caliente el aceite en una sartén honda de material antiadherente. Eche la cebolla. Añada parte del caldo y agregue las zanahorias. Cuando estén "al dente", retírelas de la sartén. Eche el arroz y añada la mitad del caldo que le queda. Cocine por 10 minutos sin tapar revolviendo ocasionalmente. Añada más caldo poco a poco hasta que quede a su gusto. Agregue el bróculi y las aruejas. Cocine por 10 minutos más. Añada los espárragos y el queso parmesano. Sirva enseguida.

275 calorías, 4 gramos de grasa

LINGUINE CON MEJILLONES AHUMADOS

4 PORCIONES

4 porciones de linguine (tallarines) cocinados
9 oz. (3 latas) (275 gramos) de mejillones
  ahumados en aceite
1 tz. de caldo de pescado frío
2 dientes de ajo machacado
¼ tz. de vino blanco
2 cdas. de maicena disuelta en 2 cdas. de agua
1 cda. de perejil italiano picadito
1 pizca de pimienta
Jugo de limón
3 cdtas. de queso parmesano sin grasa,
  rallado (opcional)

Escurra y lave los mejillones con agua fría y póngalos aparte. Reserve una cucharada del aceite de las latas. Descarte el resto. Ponga la cucharada del aceite a calentar en una sartén, añada el ajo y saltee por dos minutos. Eche el vino y los mejillones en la sartén y cocine por dos minutos a fuego mediano. Vierta el caldo de pescado, la maicena y la pimienta. Baje el fuego y cocine revolviendo continuamente hasta que se espese la salsa y se cocine la maicena (7 a 10 minutos). En una olla hierva la pasta "al dente". Escúrrala bajo agua fría y póngala en una fuente. Agregue la salsa de los mejillones y espolvoree el perejil y el queso por encima. Sirva enseguida.

348 calorías, 8 gramos de grasa

ARROZ VERDE

4 PORCIONES

1 tz. de arroz
1½ tz. de caldo de pollo
¾ tz. de espinaca fresca picadita
¼ tz. de cilantro picadito
½ cebolla rallada
2 cdas. de queso parmesano bajo en grasa o sin
  grasa rallado
Sal a gusto

En una licuadora eche la espinaca y el cilantro con un poquito de agua y haga un puré. En una olla, sofría la cebolla en ¼ de taza de caldo de pollo. Cuando esté cocinada, agregue el arroz y mezcle bien. Incorpore una taza de caldo de pollo con el puré de espinacas y cilantro. Revuelva y sazone con sal. Agregue el arroz. Deje cocinar hasta que seque un poco el líquido. Luego, tape y baje el fuego. Añada más caldo si fuera necesario. Cocine aproximadamente 20 minutos más hasta que el arroz esté cocinado. Ponga en una fuente y espolvoree el queso por encima. Puede servir como acompañante de carnes y pollo.

172 calorías, 0.65 gramos de grasa

GALLO PINTO

8 PORCIONES

1 pqte. de 14 oz. (400 gramos) de frijol nicaragüense
2 tz. de arroz blanco
½ cebolla picadita
3 dientes de ajo
½ tz. de caldo de pollo desgrasado (o de cubito)
1 cdta. de aceite de oliva
Sal a gusto

Ponga los frijoles a remojar en agua la noche anterior. En una olla, ponga agua a hervir con los dientes de ajo y los frijoles, sin recocinar para que no se ablanden demasiado. También puede cocinarlo en una olla de presión.

En una sartén honda sofría la cebolla en el aceite. Añada un poco de caldo de pollo y los frijoles. Revuelva bien. Agregue el arroz y mezcle bien con los frijoles. Cocine tapado por 20 minutos. Agregue más agua o caldo si fuera necesario. Corrija la sazón.

250 calorías, 1.75 gramos de grasa

ESPAGUETTIS CON ALBÓNDIGAS DE PAVO

6 PORCIONES

Salsa:

16 oz. (500 gramos) de salsa de tomate
⅓ tz. de cebolla picadita
⅓ tz. de pimiento verde picadito
¼ tz. de tomate bien picadito
3 cdas. de miel
1 cubito de caldo de pollo concentrado
3 cdas. de queso parmesano sin grasa, rallado
2 dientes de ajo
1 cdta. de orégano molido
1 cdta. de albahaca fresca picadita
1 cdta. de comino en polvo
Sal y pimienta a gusto

Albóndigas:

1½ lb. (¾ Kg) de picadillo de carne de pavo sin grasa
¾ tz. de arroz cocinado, preferiblemente integral
⅓ tz. de cebolla picadita
2 dientes de ajo machacados
2 huevos
¼ tz de apio bien picadito

Pasta:

16 oz. de espaguettis

Para la salsa: En una sartén, sofría la cebolla en el caldo de pollo concentrado disuelto en media taza de agua. Añada los dientes de ajo y luego, incorpore el pimiento, el tomate, las especias, la salsa de tomate y la miel.

Para las albóndigas: ponga en un tazón el picadillo de pavo, el arroz, el apio, el ajo, la cebolla y las especias.

Agregue las claras de huevo para unir bien la masa. Déle forma a sus albóndigas y cocínelas tapadas a fuego lento en la salsa durante 30 minutos aproximadamente. Cocine la pasta de acuerdo a las instrucciones del paquete. Echela en un colador debajo de la pluma de agua fría. Escúrrala. Póngala en una fuente y vierta la salsa y las albóndigas por encima.

300 calorías y 7.5 gramos de grasa

FAROFA

6 PORCIONES

1lb. (½ Kg) de pan rallado seco
1 cda. de mantequilla batida
½ cubito caldo de pollo concentrado disuelto en
 ¼ tz. de agua
3 cdtas. de extracto con sabor a mantequilla
1 huevo duro (separar la yema y la clara)

Ponga la mantequilla en una sartén de material antiadherente y cocine el pan rallado revolviendo todo el tiempo. Regule el fuego y levante la sartén de vez en cuando para evitar que se queme. Añada el extracto con sabor a mantequilla y siga revolviendo. El pan debe quedar húmedo, pero suelto. Agregue la yema del huevo picadita. Coloque la mezcla en un platón y coloque en el centro la clara del huevo también picadita. Es ideal para acompañar platos de aves, pescados, carnes y arroces.

113 calorías, 2.7 gramos de grasa

AREPAS CON QUESO

RINDE PARA 32 PORCIONES

1 pqte. de 2 lbs. (1 Kg) harina de maíz precocida
  tipo venezolana
1 cdta. de sal
2½ tz. de agua tibia
2 pqtes. de 8 oz (¼ Kg) de queso mozzarella
1 cubito caldo de de pollo concentrado
1cdta. de mantequilla batida (whipped butter)
1 cdta. de esencia con sabor a mantequilla
Grasa en aerosol (opcional)

Disuelva el cubito en el agua caliente. En un tazón, mezcle la harina con el caldo. Agregue la mantequilla y la esencia de mantequilla. Amase hasta que esté suave y uniforme. Añada el queso y mezcle bien. Agregue más caldo si fuera necesario. Forme unas bolitas y aplástelas para hacer unas tortitas de 2½" (6½ cm.) de diámetro aproximadamente. Póngalas en una sartén de material antiadherente levemente engrasada con grasa en aerosol. Si va a usar grasa en aerosol, limpie la sartén con una toallita y eche aerosol fresco cada vez que eche una nueva torta. Tueste por ambos lados y vaya poniendo en una bandeja de hornear. Hornee a 350°F (180°C) de 10 a 15 minutos o hasta que estén hechas.

126.5 calorías, 0.1 gramos de grasa

ALFREDITO PRIMAVERA

5 PORCIONES

Pasta:
12 oz. (350 gramos) de fetuccini
¾ tz. de queso parmesano rallado sin grasa

Salsa:
1 tz. de queso riccotta sin grasa
¾ tz. de leche sin grasa
1 cda. de extracto con sabor
  a mantequilla
⅛ cdta. de nuez moscada
1 lata de arvejas (petit pois)
½ tz. de zanahorias picaditas en cuadritos
½ tz de florecitas de bróculi picaditas
Sal y pimienta a gusto

En una olla, ponga a hervir las zanahorias hasta que se ablanden. Coloque los ingredientes de la salsa en la licuadora o procesadora y mezcle a velocidad mediana hasta que obtenga una consistencia cremosa. Después de unos minutos, saque las zanahorias de la olla (que estén blandas, pero "al dente"). En otra olla, a fuego bien bajo, caliente la salsa blanca revolviendo de vez en cuando con un cucharón de madera, no debe hervir. Añada los otros vegetales a la salsa. Cocine la pasta según las instrucciones del paquete. Coloque la pasta en una fuente; agregue la salsa y el queso parmesano. Sirva enseguida.

350 calorías, 2 gramos de grasa

LASAGNA DE VEGETALES
8 PORCIONES

16 piezas de lasagna sin cocinar
3 tz. de flores de bróculi congeladas
3 zanahorias ralladas
1 lata de tomates picados
2 pimientos verdes picaditos
15 oz. (450 gramos) de queso ricotta "light"
½ tz. de queso parmesano rallado sin grasa
1 huevo
3½ tz. de queso mozarella sin grasa
4 tz. de salsa blanca básica (ver bajo salsas y aderezos)
½ cdta. de nuez moscada
Sal y pimienta a gusto

Prepare la salsa blanca y añada la nuez moscada, la sal y la pimienta. Precaliente el horno a 350°F (180°C). Cocine la pasta de acuerdo a las instrucciones del paquete. Corte el bróculi en trocitos pequeños y en un tazón, mezcle con la zanahoria y los pimientos. Mezcle el queso ricotta, el queso parmesano y el huevo en otro tazón pequeño.

Rocíe un poco de grasa en aerosol en el fondo de una fuente de hornear de cristal refractario de aproximadamente 33 cm. x 23 cm. x 5 cm. Coloque cuatro piezas de lasagna. Vierta la mitad de la mezcla de los quesos, ⅓ de la mezcla de vegetales y una taza de salsa blanca por encima. Esparza una taza de queso mozarella y ponga encima cuatro piezas de lasagna. Agregue el resto de la mezcla de los quesos, ⅓ de lo que queda de los vegetales y una taza de salsa blanca. Esparza otra taza del queso mozarella. Coloque las últimas cuatro piezas de lasagna. Agregue lo que queda de los vegetales. Luego añada una taza de la salsa blanca y esparza taza y media restante del queso mozarella.

Hornee tapada durante 30 minutos. Destape y hornee 30 minutos más o hasta que esté burbujeante y doradita. Retire del horno y espere 15 ó 20 minutos antes de servir para que no se deshaga. Estará mejor aún, si la guarda tapada en la nevera y la recalienta para servirla al día siguiente.

526 calorías, 3.2 gramos de grasa

ARROZ FRITO
6 PORCIONES

3 tz. de arroz blanco cocinado
2 lascas de tocineta picadita
4 chalotes picaditos
8 oz. (¼ Kg) de filete de cerdo asado sin grasa, cortado en cubitos (puede sustituirse por jamón sin grasa)
Sustituto de huevo equivalente a 4 huevos
¼ tz. de cebollinos picaditos
½ pimiento verde
1½ cdta. de salsa de soya
1 cdta. de aceite de maní o de sésamo (ajonjolí)
½ cdta. de sal

En una sartén honda de material antiadherente dore los chalotes con el aceite. Agregue el resto de los ingredientes, excepto el huevo, los cebollinos y el arroz. Caliente a fuego mediano revolviendo bien. Eche el arroz, haga un hueco en el centro, eche el huevo y haga un revoltillo. Mezcle con el arroz, eche los cebollinos por encima. Sirva enseguida.

248 calorías, 3 gramos de grasa

CACEROLA DE FIDEOS Y ATUN

4 PORCIONES

1 lata de crema de hongos 98% sin grasa
16 oz. (½ Kg) de atún empacado en agua y escurrido
½ cdta. de salsa inglesa (Worcestershire)
1 cdta. de pimienta de limón (lemon pepper)
2 tz. de fideos finos cocinados
1¼ tz. de hojuelas de maíz trituradas
Grasa en aerosol

Precaliente el horno a 450° F (230° C). Engrase una bandeja de hornear cuadrada de cristal refractario de aproximadamente 8 x 8 pulgadas (20 cm. x 20 cm.). Engrase el fondo con grasa en aerosol. Ponga los fideos en el fondo de la bandeja. Vierta el atún sobre los fideos. Separe el atún en trozos grandes con un tenedor, no lo desmenuce. Espolvoree la pimienta de limón por encima. Cubra con la otra mitad de fideos. Eche la salsa inglesa a la crema de setas y vierta sin diluir sobre los fideos. Espolvoree las hojuelas de maíz y rocíe con grasa en aerosol. Hornee hasta que se dore por encima. Sirva inmediatamente.

300 calorías, 4 gramos de grasa

GUISO DE LENTEJAS

6 PORCIONES

2 tz. de lentejas enlatadas o frescas
4 trozos de calabaza
2 cebollas grandes picaditas
1 pimiento verde picado
2 papas con piel cortadas en trozos
4 tz. de agua
½ tz. de jamón cocido 95% sin grasa, picadito
2 cubitos de caldo concentrado de jamón
½ cdta. de orégano
½ cdta. de tomillo
½ cdta. de sal

Ponga en remojo las lentejas la noche anterior. Bote el agua. Hiérvalas en cuatro tazas de agua por una hora y media o hasta que se hayan ablandado. También puede cocinarlos en una olla de presión. Si usa lentejas enlatadas, omita este paso. En una sartén, disuelva un cubito de jamón en una taza del agua de las lentejas. Agregue más agua, cebolla, pimientos, jamón y especias. Vierta el sofrito en las lentejas y eche el otro cubito de jamón. Añada la papa y la calabaza. Cocine tapado a fuego lento hasta que la papa y la calabaza estén blandas. Corrija la sazón.

166 calorías, 0.5 gramo de grasa

MANICOTTI DE CREMA DE ESPINACAS Y JAMON

4 PORCIONES

8 piezas de manicotti
2 cdas. de harina para todos los usos
8 tz. de espinacas frescas, cocinadas, picaditas
 y bien escurridas
1 tz. de queso ricotta bajo en grasa (light)
¾ tz. de jamón sin grasa cocinado, picadito
¼ tz. de queso parmesano bajo en grasa rallado
1½ tz. de leche sin grasa
1 cda. de orégano fresco picadito
1 cdta. de polvo de ajo
¼ tz. de agua
¼ cdta. de pimienta
⅛ cdta. de sal
⅛ cdta. de nuez moscada
1 diente de ajo picadito
½ cubito de caldo concentrado de pollo
Grasa en aerosol

En una olla, a fuego mediano, disuelva el cubito de caldo de pollo en un cuarto de taza de agua.

En este líquido, cocine el ajo, la harina, la pimienta, la sal, y la nuez moscada. Vaya añadiendo la leche poco a poco. Cocine moviendo con una cuchara de madera hasta que la mezcla esté espesa y burbujeante. Si quiere espesar más la salsa, puede añadir una cucharadita de maicena previamente disuelta en una cucharada de agua. Si la salsa tiene grumos, cuélela en un colador fino.

En un tazón, eche las espinacas, y espolvoree por encima el polvo de ajo. Añada el queso ricotta, el jamón y el orégano. Agregue ¼ de taza de la mezcla de la sartén y una todo bien. Corrija la sazón si es necesario. Cocine la pasta según las instrucciones del paquete. Escurra.

Rellene cada manicotti con un tercio de taza de la mezcla de espinacas. Vaya colocando cada manicotti en una fuente de hornear engrasada con el grasa en aerosol. Finalmente, vierta el resto de la salsa por encima. Tape la fuente con papel de aluminio. Hornee en un horno precalentado a 350°F (180°C), por 20 minutos. Retire del horno. Espolvoree el queso parmesano y vuelva a llevar al horno, esta vez con el asador superior o "broiler" encendido. Retire cuando el queso se dore. Sirva inmediatamente.

305 calorías, 8 gramos de grasa

GUISO DE HABICHUELAS COLORADAS (FRIJOLES COLORADOS)

4 PORCIONES

2 tz. de habichuelas (frijoles) coloradas enlatadas
1 cebolla grande picadita
1 pimiento verde picadito
1 diente de ajo picadito
4 pedazos de calabaza (zapallo) con su cáscara
2 oz. (60 gramos) de jamón 95 % sin grasa picado en cubitos
½ lata de salsa de tomate
¾ tz. de agua
2 cdas. de cilantro picadito
1 cdta. de orégano
¼ cdta. de pimienta negra
½ cdta. de sal
1 cubito de caldo de carne o jamón concentrado

En un recipiente, disuelva el cubito en un cuarto de taza de agua. Agregue el ajo y cuando comience a ablandar, agregue el resto de los ingredientes, menos las habichuelas, la calabaza y el resto del agua. Cocine revolviendo hasta que los pimientos y la cebolla estén blandos. Añada las habichuelas, la calabaza y el resto del agua. Tape y cocine a fuego lento hasta que la calabaza esté blanda. Corrija la sazón. Agregue más caldo, si es necesario. Sirva bien caliente sobre arroz blanco.

155 calorías, 2.75 gramos de grasa

HAMBURGUESA DE HABICHUELAS COLORADAS (FRIJOLES COLORADOS)

6 PORCIONES

3 latas de habichuelas (frijoles) coloradas cocidas (frescas o enlatadas)
2½ tz. de pan rallado
2 cdas. de salsa BBQ o salsa parrillera (ver bajo salsas y aderezos)
1 cdta. de adobo
¼ cdta. de orégano
6 panes de hamburguesas
Grasa en aerosol

Haga un puré presionando los frijoles o poniéndolos en un procesador con el líquido de las latas o en el del agua en el que las cocinó. Agregue el pan rallado, las especias y la salsa BBQ. En una plancha o sartén antiadherente eche el aceite y un poquito de grasa en aerosol, cuando esté caliente ponga las hamburguesas, deje que se doren un poquito y vírelos con una espátula una sola vez. Dórelos por el otro lado. Póngalos en los panes de hamburguesas con ketchup.

278 calorías, 1.7 gramos de grasa. Con un pan de hamburguesa sería 378 calorías, 3 gramos de grasa

Nota: Estas hamburguesas se pueden servir con unas cebollitas cocidas en caldo de carne o jugo de tomate, con una lasquita de queso sin grasa, con lechuga y tomate, mayonesa de dieta, etc.

FIDEOS CON BERENJENA Y HONGOS EN SALSA DE TOMATE

8 PORCIONES

1 berenjena de una libra (450 gramos) cortada en trocitos

½ libra (225 gramos) de hongos

l libra (450 gramos) de pasta tipo vermicelli o "cabello de angel"

1 cdta. de sal

4 dientes de ajo picaditos

1 cda. de aceite de oliva

1 cebolla picadita

5 latas (de aproximadamente 400 gramos) de tomates enteros escurrridos y picaditos

3 cdas. de pasta de tomate

3 cdas. de albahaca fresca

2 cdas de orégano fresco o en polvo

Dos o tres ramitas de tomillo fresco

8 cdas. de queso parmesano rallado sin grasa

Una cda. de azúcar

Grasa en aerosol

Espolvoree la berejena con sal y deje escurrir en un colador por media hora. Enjuague y seque con papel tohalla. Ponga la berejena en una fuente de hornear previamente engrasada con grasa en aerosol, añada media cda. de aceite, tape con un papel de aluminio y hornee en un horno precalentado a 450°F (240°) por media hora o hasta que este tierna.

En un caldero o sartén hondo, caliente el resto del aceite, añada la cebolla y el ajo y sofría hasta que esten tiernos. Añada los tomates y la pasta de tomate. Cocine la salsa tapada a fuego de lento por cuarenta minutos.

Añada los hongos, el orégano y el tomillo y siga cocinando por veinte minutos mas. Retire del fuego pero mantenga caliente. Cocine la pasta en agua hirviendo hasta que esté "al dente" durante ocho o diez minutos. Escurra y añada a la salsa. Sirva en una fuente o en platos individuales y espolvoree con el queso parmesano.

340 calorías, 4 gramos de grasa

PESCADOS Y MARISCOS

CAMARONES EN LECHE DE COCO

6 PORCIONES

1 cubito de caldo de pescado concentrado
  disuelto en ½ tz. de agua
1 cebolla grande picada
1 pimiento rojo picadito
3 dientes de ajo picados
1 cda. de curry
1 cda. de comino en polvo
1 cda. de cilantro picadito
1 lata de 12 oz. (350 gramos) de leche evaporada sin grasa
½ tz. de leche de coco sin azúcar (light)
1½ lb. (¾ Kg) de camarones grandes, sin cáscara
  y desvenados
3 cdas. de maicena disuelta en 3 cdas. de agua
2 cdas. de jugo de limón
2 cdas. de perejil picadito
1 cda. de esencia o extracto con sabor a coco
Sal y pimienta a gusto

En una sartén honda caliente el caldo de pescado a fuego mediano, añada la cebolla, el ajo y el pimiento. Cocine moviendo constantemente hasta que estén suaves. Agregue el curry, el cilantro y el comino. Cocine por un minuto más. Mezcle la maicena con la leche evaporada y la leche de coco, incorpórelas a la mezcla de la sartén. Cocine a fuego lento, revolviendo sin cesar, hasta que la salsa espese. Agregue el extracto de coco, los camarones, el perejil, el jugo de limón, la sal y la pimienta. Cocine sin dejar de revolver hasta que los camarones estén rosados. Corrija la sazón. Sirva inmediatamente. Acompañe con arroz blanco.

214 calorías, 3.5 gramos de grasa.
Con arroz 350 calorías, 2.5 gramos de grasa

PINCHO DE MARISCOS ORIENTAL

8 PORCIONES

1 lb. (½ Kg) de camarones sin cáscara y desvenados
1 lb. (½ Kg) de vieiras grandes
1 pimiento verde
1 pimiento rojo
1 pimiento amarillo
16 tomatillos
4 cebollas grandes cortadas en trozos
4 cdas. de jugo de limón
2 cdas. de ajo picadito
4 cdas. de salsa de soya
1 ramito de cilantro picadito
Sal y pimienta a gusto
16 palitos de madera o pinchos (kabobs)
Grasa en aerosol

Ponga a marinar los camarones y las vieiras con el cilantro, el ajo y la salsa de soya en un tazón. Tápelos y refrigérelos. Al cabo de una hora, sáquelos de la nevera e insértelos en los pinchos, alternando con los trozos de cebolla, y los pimientos. Reserve el líquido en que se marinaron los mariscos y añada el jugo de limón, la sal y la pimienta. Con una brochita unte esta salsa a los pinchos. Si es necesario, añádale más salsa de soya. Engrase la parrilla de una bandeja de hornear. Ponga los pinchos en la parrilla sobre la bandeja de asar debajo del asador superior o "broiler". Páseles la salsa dos o tres veces más con la brocha. Voltee los pinchos para que se cocinen de forma pareja. Ponga los tomatillos en los pinchos unos minutos después para que no se deshagan. Retire cuando los camarones estén rosados. Esta receta también se puede hacer en la parrilla del BBQ o barbacoa, pero acuérdese de engrasarla antes.

239 calorías, 3. 5 gramos de grasa

TERRINE DE SALMON EN SALSA DE VINO

4 PORCIONES

1 lb. (½ Kg) de filete salmón fresco
Sustituto de huevo líquido equivalente a dos huevos
2 claras de huevo batidas
¾ tz. de leche evaporada sin grasa
Pimienta de limón y sal a gusto
Grasa en aerosol
Papel encerado

Salsa de vino:
½ lata de leche evaporada sin grasa
1½ tz. de especias frescas picaditas (albahaca,
 romero, eneldo, cilantro, etc.)
1 tz. de chalotes picaditos
¼ cdta. de pimienta de limón
2½ tz. de vino, rosado o blanco
2 tz. de caldo de pescado sin grasa o hecho con
 un cubito de caldo de pescado concentrado
2 ó 3 cdas. de maicena disuelta en ¼ taza de agua

Ponga a hervir las especias a fuego alto en 1¾ taza de caldo de pescado por aproximadamente 20 minutos o hasta que se reduzca y después de colarlo, quede una taza de caldo. Hierva el chalote con el vino por 20 ó 30 minutos hasta que se haya consumido y después de colar los chalotes, quede una taza de vino. Mezcle en una olla la taza de pescado colado con la taza de vino colado. Agregue la leche evaporada y la maicena. Revuelva constantemente con un cucharón de madera a fuego lento hasta que se cocine la maicena y la salsa esté cremosa.

Precaliente el horno a 350°F (180°C). Rocíe con grasa en aerosol seis moldes de soufflé individuales.

Ponga el salmón en el congelador por 10 minutos. Píquelo y llévelo al procesador de alimentos, añada gradualmente el sustituto de huevo y las claras. Poco a poco agregue la leche, la sal y la pimienta a gusto. Ponga en el congelador tapado de por 10 minutos. Llene dos terceras partes de los moldes con esta mezcla.

Corte seis círculos de papel encerado, engrase una de las partes con el aceite en aerosol. Con la parte engrasada hacia abajo tape los moldes. Colóquelos en una fuente de cristal refractario con agua hirviendo hasta la mitad. Hornee por 30 minutos aproximadamente o hasta que al introducir un palillo en el centro salga limpio. Saque y deje refrescar por cinco minutos. Vierta la salsa de vino caliente sobre cada plato. Pase un cuchillo mojado en agua caliente alrededor de los moldes de salmón y desmóldelos sobre los platos. El centro puede adornarlo con una ramita de perejil o un poquito de caviar. La salsa de vino rinde dos tazas.

340 calorías, 6.7 gramos de grasa

PESCADO RELLENO
8 PORCIONES

1 pargo u otro pescado blanco de aproximadamente
  4 libras (2 Kg)
¼ lb. (125 gramos) de jamón de cocinar (95% sin
  grasa) cortado en cubitos
½ cubito de caldo de pescado concentrado
  disuelto en ¼ tz. de agua
1 cebolla grande picadita
2 tallos de apio finamente cortados
2 zanahorias peladas y cortadas en cubitos
2 tz. de migas de pan sazonadas (stuffing)
1 tz. de almejas frescas picaditas
1 cdta. de pimentón
½ tz. de vino blanco
3 lascas de tocineta bien picadita
Jugo de 2 limones
Sal y pimienta a gusto
Grasa en aerosol

Precaliente el horno a 375°F (190°C). Lave y limpie el pescado. En una sartén, ponga el caldo de pescado, la cebolla, el jamón, la tocineta, el apio, las almejas y las zanahorias. Cocine unos minutos. Retire del fuego y deje enfriar. Agregue el pan, el pimentón y el vino. Sazone a gusto. Revuelva bien.

Pinche o corte levemente el pescado con un cuchillo. Frote en la piel y el interior del pescado con una mezcla de jugo de limón, sal y pimienta a gusto. Rellene el pescado. Coloque en una bandeja engrasada con grasa en aerosol, con la mezcla de la sartén cubra con papel de aluminio y hornee por 20 o 25 minutos aproximadamente o hasta que esté a su gusto. Sirva enseguida.

168 calorías, 6 gramos de grasa

Nota: Como una guía para el tiempo de cocción del pescado entero, mida el espesor de su pescado en la parte más ancha, haciendo un corte e introduciendo una regla plástica. El pescado debe cocinarse 10 minutos por pulgada de espesor.

FILETE DE LENGUADO EMPANIZADO
4 PORCIONES

4 filetes de lenguado (u otro pescado de carne blanca)
½ tz. de harina
1½ cdta. de pimentón
1 cdta. de tomillo machacado
Sustituto de huevo liquído equivalente a 1 huevo
1 cdta. de aceite de oliva
Una pizca de pimienta negra
Sal a gusto
Grasa en aerosol (opcional)

Combine la harina, el pimentón, el tomillo la sal y la pimienta. Ponga aparte. Pase cada filete de pescado por el huevo. Empánelos con la harina.

Eche el aceite en una sartén de material antiadherente grande y fría los filetes aproximadamente dos minutos por cada lado. Si es necesario más grasa, use la grasa en aerosol. Sirva con una rodaja de limón.

200 calorías, 6 gramos de grasa

DORADO EN "PAPILLOTE"

6 PORCIONES

6 rectángulos de papel de pergamino de cocina de
  10" x 20" (25 x 50 cm.)
6 cdas. de jugo de limón
6 filetes de dorado o de pescado de carne blanca
6 rodajas de lima o limón
2 zanahorias cortadas a la Juliana (en tiras bien finas)
6 cdtas. de mantequilla batida sin sal (whipped butter)
½ pimiento verde cortado a la Juliana
6 cdas. de vino blanco seco
½ pimiento amarillo cortado a la Juliana
Chile en polvo
2 cebollas rebanadas bien finas
Sal a gusto
1 lata pequeña de maíz (elote, choclo) en grano
¼ tz. de cilantro fresco picadito
¼ tz. de perejil fresco picadito
Grasa en aerosol

Precaliente el horno a 475°F (250°C). Doble cada hoja de papel a la mitad. Rocíe un poco de grasa en aerosol en la parte interior de cada hoja. En un tazón, mezcle la zanahoria, los pimientos, la cebolla, el cilantro, el perejil y el maíz. Abra cada pergamino doblado y eche parte de la mezcla del tazón. Coloque un filete dentro de cada pergamino y añada el resto de la mezcla de los pimientos, las zanahorias y la cebolla sobre cada filete. Mezcle el limón y el vino en un recipiente y vierta dos cucharadas por encima de cada filete, luego coloque encima una cucharadita de mantequilla. Espolvoree la sal y el chile sobre los filetes. Por último, ponga una rodaja de lima o limón sobre cada uno. Doble bien el papel sobre cada pescado, enrollando varias veces los bordes hacia adentro y aplastándolos. Es muy importante que los paquetitos queden bien sellados. Existe una cinta adhesiva para usar en la cocina, que pega los bordes del pergamino, pero si no la puede conseguir, presille el pergamino en los dobleces de los bordes con una presilladora. También puede usar papel de aluminio. Póngalos en una bandeja y hornéelos por 10 minutos o hasta que se inflen. Colóquelos en platos individuales y sirva inmediatamente. Deje que cada comensal abra su paquetito y disfrute su aroma.

208 calorías, 4.6 gramos de grasa.

Nota: El filete de salmón también queda delicioso cocinado en "papillote".

LANGOSTA MORNAY

1 lb. (½ Kg) de masa de langosta cortada en trozos
1 cda. de mantequilla batida (whipped butter)
¼ tz. de harina
¼ tz. de vino seco blanco
1 tz. de caldo de pescado sin grasa
1 tz. de leche evaporada sin grasa
½ cdta. de pimienta blanca
⅓ tz. de queso parmesano bajo en grasa, rallado
1 cda. de pimentón
Pimienta de limón a gusto
Sal a gusto

Corte la masa en trozos. Mezcle la mantequilla y el vino en una sartén honda de material antiadherente. Sofría los trozos de langosta. Retire del fuego. Sáquelos con una espumadera y póngalos aparte. Baje el fuego. Añada un poco de caldo y la harina al líquido de la sartén. Cocine por dos minutos, revolviendo constantemente con una cuchara de madera. Cuando espese, agregue el resto del caldo, la leche y la pimienta blanca. Si se le hacen grumos, pásela por un colador fino. Continúe cocinando hasta que vuelva a espesar. Corrija la sazón. Eche el queso y los trozos de langosta. Deje al fuego unos segundos más, pero sin cocinar de más la langosta para que no se endurezca. Ponga en una fuente y sirva enseguida. Acompañe con arroz blanco.

176 calorías, 4.8 gramos de grasa

PESCADO EN SALSA DE UVAS

6 filetes de 4 oz. (125 gramos) de pescado de carne blanca
⅓ tz. de maicena
1 cdta. de orégano en polvo
1 cdta. de eneldo fresco
2 cdas. de jugo de limón
1 cubito de caldo de pescado concentrado
1 cdta. de pimienta de limón
⅓ tz. de agua
1½ cebolla en rodajas
¼ tz. de vino blanco
40 uvas verdes sin semillas
Sal a gusto
Rodajas de limón para adornar

Adobe el pescado con la sal, el orégano en polvo y la pimienta de limón. En una sartén honda, disuelva el cubito de caldo de pescado en un poco de agua y agregue la cebolla. Ponga los filetes de pescado sobre las rodajas de cebolla. Tape y cocine por seis o siete minutos. Disuelva la maicena en un poco de agua. Saque los filetes de pescado de la sartén. Mezcle la maicena con el líquido que quedó en la sartén a fuego lento, moviendo constantemente hasta que espese. Agregue el eneldo. Siga moviendo, un poco más para que se cocine bien la maicena. Agregue las uvas cortadas en mitades, continúe revolviendo y corrija la sazón si es necesario. Coloque los filetes en esta salsa, vierta el vino blanco y cocine uno o dos minutos más. Adorne con rodajas de limón y sirva inmediatamente.

156 calorías, 2 gramos de grasa

LANGOSTA A LA PARRILLA

4 PORCIONES

4 colas de langosta
4 cdtas. de jugo de limón
4 cdtas. de aceite
4 cdtas. de mantequilla batida (whipped butter)
1 cdta. de sal
1 cdta. de pimentón
¼ tz. de chalotes picaditos
Una pizca de pimienta negra fresca

Con una tijera de cocina separe las colas del carapacho y quiebre ligeramente el carapacho de manera que las colas puedan yacer planas.

Mezcle el resto de los ingredientes, menos la mantequilla, con las cuatro cucharadita. de aceite en un tazón y marine las langostas con esta mezcla por dos o tres horas. Encienda el "broiler" o asador superior de su horno. Coloque las colas de langosta a 4" (10 cm.) debajo del asador. Ase por cinco minutos en cada lado basteando la parte expuesta con la marinada. Unte una cucharadita de mantequilla por encima de cada una. Espolvoree un poquito de pimentón y sirva enseguida con rodajas de limón.

160 calorías, 8.5 gramos de grasa

SALMON CON ROMERO A LA PLANCHA

4 PORCIONES

4 filetes de salmón sin piel de 4 oz. (125 gramos cada uno)
1 cubito de caldo de pescado concentrado
2 dientes de ajo picaditos
½ tz. de vino blanco
4 cdas. de alcaparras
Romero fresco
Sal a gusto

En una sartén de material antiadherente, disuelva el cubito de pescado en el agua. Agregue un poco de vino, el romero y el ajo. Cuando el ajo esté suave, coloque los filetes de salmón y cocine a fuego alto y selle por ambos lados para que se mantenga jugoso por dentro. Baje el fuego y eche el resto del vino. Con un cucharón, vierta la salsa varias veces por encima del salmón. Cocine por aproximadamente seis o siete minutos más o hasta que el salmón esté cocinado, pero suave. Tenga cuidado de no cocinar de más el salmón para que no se reseque. Agregue las alcaparras. Corrija la sazón. Sirva inmediatamente con una rodaja de limón.

275 calorías, 9 gramos de grasa

VIEIRAS SALTEADAS

4 PORCIONES

1½ lb. (¾ Kg) de vieiras grandes
1 pimiento verde picadito
1 pimiento amarillo picadito
2 chalotes picaditos
2 cdtas. de romero fresco picadito
½ tz. de caldo de pescado fresco o de
  cubito concentrado
2 cdtas. de orégano fresco picadito
1 cdta. de jugo de limón
¼ cdta. de pimienta de limón
1 cdta. de paprika
1 cdta. de aceite de oliva
1 ramita de tomillo fresco picadito
Sal a gusto

Mezcle los pimientos, las hierbas y las especias, échelas en una sartén caliente. Agregue el aceite. Luego eche un poco de caldo . Mueva constantemente por uno o dos minutos. Vierta el resto del caldo de pescado y las vieiras. Cocine por tres minutos y mueva dos veces más. Añada sal a gusto y el jugo de limón. Siga moviendo por dos minutos, o hasta que las vieiras estén cocinadas. Sirva enseguida.

167 calorías, 2.60 gramos de grasa

CARPACCIO DE ATUN JAPONES

4 PORCIONES

1 filete de atún de 1" (2½ cm.) de grosor de
  1 lb. (½ Kg)
3 cdas. de salsa soya "light"
3 cdas. de vino de arroz
2 cdas. de cebollines picaditos
1 cda. de azúcar
2 cdas. de aceite ajonjolí
2 cdas. de salsa hoisin (opcional)

En un tazón ponga el filete. Haga una mezcla con el resto de los ingredientes, menos el aceite. Vierta sobre el atún y marine por una o dos horas tapado en la nevera.

En una sartén de material antiadherente eche una cucharadita del aceite y dore levemente el filete de atún para que selle bien. Eche la otra cucharadita de aceite y vírelo. Después que esté sellado por arriba y por debajo, agárrelo con una tenaza y póngalo de costado, luego vírelo y ponga el costado opuesto contra la sartén. La idea es sellar los jugos del filete por los cuatro lados, dejando la carne de adentro cruda.

Rebane bien finito, como si fuera jamón. Sirva las lascas en forma de abanico con una rodaja de limón. Acompañe con un pozuelito de salsa de soya.

Ideal para servir con una ensalada de lechuga romana cortada en tiras finas adornadas con vainitas chinas.

216 calorías, 8.2 gramos de grasa

CREPES DE CANGREJO EN SALSA BLANCA

4 PORCIONES

1½ lb. de masa de cangrejo o imitación
4 tz. de salsa blanca básica (ver receta en
  salsas y aderezos)
8 crepes caseras (ver receta en postres) o comerciales
½ tz. de cebollinos picaditos
1 cda. de perejil italiano
¼ cdta. de estragón
½ cdta. de nuez moscada
Jugo de 2 limones
2 cubitos de pescado
Pimienta de limón
¼ tz. de queso mozarella sin grasa
Pimentón a gusto

Haga 8 crepes y ponga aparte tapados.

Haga la salsa blanca básica doblando las cantidades de la receta en el libro y sustituya dos tazas de leche por dos tazas de jugo de almejas y el cubito de pollo por un cubito de pescado. Sazone con sal, pimienta y nuez moscada. Echele el perejil.

En una sartén antiadherente disuelva un cubito de pescado en dos tercios de taza de agua. Añada las especias y los cebollinos. Luego eche la carne de cangrejo y el jugo de limón. Cocine un par de minutos. Revuelva un par de veces con cuidado de no desintegrar la carne de cangrejo. Vierta entonces la mitad de la salsa blanca sobre el sartén y mezcle todo bien.

Rellene los crepes, enróllelos y póngalos con la unión hacia abajo en una fuente de hornear de cristal refractario. Echeles el resto de la salsa blanca por encima y después esparza el queso mozarella sobre la salsa. Ponga en un horno precalentado a 350°F (180°C) hasta que el queso se derrita. También puede ponerlos en el horno microondas. Espolvoree con pimentón y sirva enseguida.

310 calorías, 2 gramos de grasa

TRUCHA EMPANIZADA

4 PORCIONES

4 filetes de trucha
½ tz. de harina
1½ cdta. de pimentón
1 cdta. de tomillo machacado
Una pizca de pimienta negra
Sustituto de huevo líquido equivalente a 1 huevo
1 cdta. de aceite de oliva

Combine la harina, el pimentón, el tomillo y la pimienta. Ponga aparte. Pase cada filete de pescado por el huevo. Empánelos con la harina.

Eche el aceite en una sartén de material antiadherente grande y fría los filetes aproximadamente 2 minutos por cada lado. Sirva con una rodaja de limón.

240 calorías, 9 gramos de grasa

AVES Y CARNES

CARNITAS CON POLENTA

4 PORCIONES

1 lb. de solomillo (½ Kg) cortado en tiras de no
   más de 3" de largo (7 cm.)
1 cdta. de comino
1 cdta. de orégano en polvo
½ cdta. de pimienta negra
3 dientes de ajo lasqueados
1 ramito de cilantro picadito
1 tomate grande sin semillas cortado en trocitos
½ cubito de caldo de carne concentrado
½ tz. de salsa de tomate
¼ tz. de vino tinto
1 pimiento rojo cortado en tiritas
2 cebollas lasqueadas
½ tz. de queso mozzarella sin grasa, rallado
Grasa en aerosol
4 cilindros de metal de 3" de alto (7 cm.) y 3½"
   de diámetro (9 cm.) o 4 latas de sopa con las
   2 tapas removidas

Polenta:
1 pqte. de polenta instantánea
½ tz. de queso parmesano sin grasa rallado
½ cdta. de chile en polvo
1 cubito de caldo de carne concentrado
Sal y pimienta a gusto

Quite el exceso de grasa a la carne, póngala en un
recipiente y espolvoréela con un poquito de sal, media
cucharadita. de orégano y media cucharadita de comino.
Tape y lleve a la nevera por dos horas. Cocine la polenta
de acuerdo con las instrucciones del paquete y añada el
cubito de caldo de carne al agua de la misma. Agregue el
queso parmesano y, al final de la cocción, agregue el
polvo de chile, la sal y la pimienta a gusto. Ponga a enfriar

en una fuente de hornear de aproximadamente 16" x 1" x
2½" de alto (40 cm. x 2 cm. x 5½ cm.), ligeramente
engrasada con aceite en aerosol. Mida bien antes para
asegurarse de que podrá cortar 12 círculos con una de las
latas o cilindros. Si no le da la medida, ponga más polenta
en una fuente adicional más pequeña. Vierta la polenta y
empareje con un espátula para que quede de ½" (1 cm.) de
alto. Cuando haya enfriado y esté firme, córtela en círculos
con las latas o cilindros. Póngalas aparte.

Precaliente el horno a 350°F (180°C). Engrase los
cilindros por la parte interior con aceite en aerosol. En una
sartén, disuelva medio cubito de caldo de carne en media
taza de agua y cocine la cebolla, el pimiento rojo y el ajo.
Cuando se haya consumido el líquido, agregue el tomate,
la salsa de tomate, el orégano, el comino restante y el
cilantro. Deje 25 minutos a fuego lento tapado hasta que el
tomate esté bien cocinado. Eche más líquido si es necesario.
Eche entonces las tiras de carne y el vino. Cocine,
revolviendo de vez en cuando, hasta que la carne esté cocinada.

Coloque los cilindros en una bandeja de hornear de cristal
refractario, rellénelos poniendo una rueda de polenta en el
fondo, luego añada la carne, las tiras de cebolla, el pimiento
rojo y el queso mozzarella. Repita la operación y tape con
una última rueda de polenta. Rellene cada uno de los cilindros
restantes de la misma forma. Hornee durante 10 minutos.
Deslice una espátula debajo de cada cilindro y colóquelos
en platos de servir individuales. Desmolde presionando
levemente en el centro hacia abajo y deslizando el cilindro
hacia arriba. Vierta sobre cada torre un poco de la salsa del
sofrito que reservó. Si es necesario aumentarla, añada un
poco de vino. Adorne con unos pedacitos de pimiento.

443 calorías, 12 gramos de grasa

ENCHILADAS DE PAVO

6 PORCIONES

1¼ libra (¾ Kg aprox.) de pechuga de pavo
 cocinada y cortada en tiritas
⅓ tz. de cebollinos picaditos
¼ tz. de perejil picadito
1 cdta. de orégano seco
¼ cdta. de pimienta negra molida
12 tortillas de maíz (elote) de 6 pulgadas
 de diámetro aproximadamente
1 tz. de queso cheddar o amarillo sin grasa rallado
1 cdta. de sal

Salsa:
1 lata de 8 oz. (¼ Kg) de salsa de tomate sin sal
½ cda. de polvo de chile
1 cdta. de comino
2 cdas. de maicena disuelta en 2 cdas. de agua
¼ tz. de agua
2 tz. de caldo de pollo desgrasado

Decoración:
1 tz. de crema agria sin grasa
¼ tz. de cebollinos
1 pizca de pimentón

En un tazón grande mezcle el pavo con los cebollinos, el perejil, el orégano, la pimienta y sal a gusto. Revuelva bien y deje reposar mientras prepara la salsa. En una cacerolita, mezcle la salsa de tomate, el comino y el chile. Añada lentamente el caldo. Deje cocinar por unos tres minutos. Finalmente, añada la maicena disuelta en agua a temperatura ambiente. Continúe revolviendo. La salsa debe cocinarse de 8 a 10 minutos. Cuando espese, viértala en un tazón y déjela refrescar un poco. Sumerja una tortilla en la salsa y colóquela en un plato.

Eche el pavo sobre un lado de la tortilla, enróllela bien y colóquela en una fuente, preferiblemente de barro de cristal refractario. Repita la operación con las demás tortillas. Añádale por encima el resto de la salsa, espolvoree el queso y llévelas a un horno precalentado a 450°F (230°C) por unos 15 minutos. Cuando el queso esté derretido, sáquelas y póngales crema agria por encima. Decore con pimentón y cebollinos verdes picaditos.

284 calorías, 3 gramos de grasa

FILETE DE CERDO ASADO

4 PORCIONES

1 filete de cerdo de 1lb. (½ Kg)
4 papas de cáscara roja (de aproximadamente
 4 oz. cada una) cortadas en mitades

Salsa:
½ cdta. de comino
½ cdta. de orégano
2 cdtas. de ajo picadito y machacado
½ tomate sin semilla picadito
½ tz. de ketchup
2 cdas. de mostaza
½ cda. de salsa inglesa (Worcestershirc)
1 cda. de miel
Jugo de ½ limón
2 cdas. de perejil picadito
Ramitas de perejil para adornar
Sal y pimienta a gusto

Una bien todos los ingredientes de la salsa menos el perejil picadito. Ponga el filete en un tazón de cristal y viértele la salsa. Tape y refrigere de una a dos horas. Precaliente el horno a 325°F (160°C). Coloque el filete en la parrilla de una bandeja de hornear. Con una brochita úntele la mitad de la salsa que quedó en el tazón. Ponga a hervir en una olla las papas. Hornee el cerdo por 50 minutos. Cuando al cerdo le falten 15 minutos de cocción, coloque las papas con la cáscara hacia arriba a cada lado de la bandeja, eche el perejil picadito a la salsa que sobró y unte sobre las papas con una brochita. Continúe horneando hasta que el cerdo este cocinado. Lleve a una fuente, adorne con perejil y sirva enseguida.

384 calorías, 9 gramos de grasa

ROPA VIEJA

4 PORCIONES

1 libra (½ Kg) de carne de falda limpia de grasa,
 hervida y deshilachada
2 pimientos verde picado en trozos grandes
2 cebollas lasqueadas
2 tz. de salsa de tomate
¼ tz. de vino seco
1 cubito de caldo de carne concentrado
1 pizca de nuez moscada
1½ tz. de agua
1 cdta. de orégano
¼ cdta. de comino
1 cda. de adobo mixto en polvo
1 hoja de laurel
Sal a gusto
Pimientos morrones y perejil para adornar

Adobe la carne hervida con el adobo mixto. Tape y deje varias horas en la nevera. Ponga a hervir la taza de agua con el cubito de caldo de carne y, cuando se haya disuelto, añada la cebolla y el pimiento verde (reserve un poco de este caldo para más adelante). Agregue la salsa de tomate y el resto de las especias. Corrija la sazón. Cocine la salsa tapada a fuego lento por 40 minutos. Agregue el vino. Incorpore la carne y revuelva. Eche el caldo que reservó, tape y cocine a fuego lento por 20 minutos más. Transfiera a una fuente. Adorne con los pimientos morrones y el perejil. Sirva con arroz blanco.

316 calorías, 9 gramos de grasa

POLLO A LA PARMESANA

4 PORCIONES

4 mitades de pechuga sin hueso ni piel de
 aproximadamente 4 oz. (125 gramos) cada una
½ tz. de queso mozzarella sin grasa rallado
3 cdas. de queso parmesano sin grasa rallado
1 tz. de hojuelas de maíz trituradas
1 cda. de perejil italiano finamente cortado
1 cdta. de sazón italiana en polvo
Aderezo italiano líquido sin grasa

Salsa:
1 lata de 12 oz. (350 gramos) de tomates
 enteros picados
1 diente de ajo molido
1 cda. de azúcar
1 cdta. de albahaca fresca picadita
½ cdta. de orégano
½ tz. de caldo de pollo de cubito
Sal y azúcar a gusto

Mezcle todos los ingredientes secos para empanizar el
pollo: las hojuelas de maíz, perejil, sazón italiana y queso
parmesano. Eche todo en una bolsita plástica sellable y
dele golpecitos con el puño o golpee con un mazo para
pulverizar las hojuelas de maíz. Ponga aparte. Marine las
pechugas con el aderezo italiano y póngalas en un tazón
tapadas durante varias horas en la nevera. Para hacer la
salsa, coloque en una ollita los tomates, la albahaca, el
orégano, el ajo y una pizca de sal. Mezcle bien hasta que
el tomate se desmenuce. Tape y cocine a fuego lento por
30 o 40 minutos. Agregue mas caldo si fuera necesario.

Añada el azúcar y deje tapado a fuego lento por una
hora. Pruebe para corregir la sazón. Ponga aparte. Eche
las pechugas, una por una, en la bolsa plástica preparada
con la mezcla para empanizarlas. Mueva la bolsa hasta
que estén totalmente cubiertas con la mezcla.
Colóquelas en la parrilla de una bandeja de hornear
previamente engrasada con aceite en aerosol. Lleve las
pechugas al horno precalentado a 350°F (180°C).
Deje hornear por 20 ó 25 minutos aproximadamente o
hasta que se doren. Recaliente la salsa. Una vez que las
pechugas estén doradas, llévelas a una fuente, vierta la
salsa caliente por encima y espolvoréeles el queso
mozzarella. Póngalas debajo del asador superior o
"broiler" hasta que se derrita el queso. Sirva enseguida.

300 calorías, 7 gramos de grasa.

FILET MIGNON EN SALSA DE SETAS

4 PORCIONES

4 piezas de 4 oz. cada una de filet mignon
2 dientes de ajo picaditos
½ cdta. de pimienta negra gruesa
Salsa de setas para carnes (ver receta en
 salsas y aderezos)

Prepare la salsa de setas (ver receta en salsas y aderezos).
Póngala aparte. Frote el ajo sobre la carne. Espolvoree con
pimienta. Coloque la carne en la parrilla de una bandeja de
hornear debajo del "broiler" o asador superior de su
horno. Ase de 10 a 13 minutos o hasta que esté a su gusto,
virándola solamente una vez a mitad de la cocción.

Ponga los filetes en una fuente o en platos individuales.
Recaliente la salsa de setas. Eche la salsa por encima y
sirva enseguida.

400 calorías, 11 gramos de grasa

CHULETAS DE CORDERO ASADAS

4 PORCIONES

8 chuletas de cordero limpias de grasa
½ tz. de vino tinto seco
2 cdas. de salsa inglesa (Worcestershire)
2 cdtas. de romero fresco
4 dientes de ajo picaditos
4 cdtas. de jalea de menta
Sal gruesa a gusto
Pimienta negra a gusto

Pinche las chuletas con un tenedor y frótelas bien con el ajo. Póngalas en un recipiente, écheles el vino por encima, tápelas y llévelas a la nevera o refrigerador por una hora, virándolas una vez. Coloque las chuletas en un plato y combine el líquido sobrante con la salsa inglesa y el romero. Vierta la mitad de esta mezcla por encima de las chuletas, espolvoree la sal y pimienta. Precaliente el asador o "broiler" de su horno y ponga las chuletas en la parrilla de una bandeja de hornear debajo de éste. Aselas cuatro minutos o hasta que estén doradas. Vírelas, únteles el resto de la salsa con una brochita y áselas por cuatro minutos más. Ponga una cucharadita de jalea de menta en un lado de cada plato. Acompañe con arroz, vegetales mixtos, papas asadas o puré de papas.

200 calorías, 11 gramos de grasa

ESCALOPES DE TERNERA EN SALSA DE VINO MARSALA

4 PORCIONES

3 tz. de setas frescas cortadas en trocitos
½ tz. de cebollinos picaditos
1 lb. (½ Kg) de filetes de ternera limpios de toda grasa
¼ cdta. de sal
¼ cdta. de pimienta de limón (lemon pepper)
⅔ de vino Marsala seco o vino de jerez seco
½ tz. de caldo de res desgrasado o de caldo de pollo concentrado
2 cdas. de perejil italiano picadito
2 cdtas. de mantequilla batida (whipped butter)
Grasa en aerosol

Cocine las setas y las cebollas en una sartén con un poquito de caldo de res por unos cuatro o cinco minutos o hasta que estén blandas. Apague el fuego. Enjuague los filetes y seque con papel toalla. Ponga cada pieza entre dos pedazos de papel plástico y dele unos golpes, con el mazo de ablandar carne, del centro hacia afuera. Quíteles el papel y espolvoréeles la sal y la pimienta. Engrase con la grasa en aerosol una sartén de material antiadherente. Ponga a cocinar la carne en la mantequilla. Saltee un minuto por cada lado. En una fuente de cristal precalentada ponga los filetes de ternera y manténgalos calientes. Añada el vino a la sarten con el resto del caldo de res y deje hervir sin tapar por un minuto revolviendo constantemente. Agregue el perejil y vuelva a colocar los escalopes en la sartén. Cocine por 30 segundos y devuelva los escalopes a la fuente de cristal. Eche la mezcla de las setas con cebolla en la sartén y caliente. Vierta la salsa sobre los escalopes y sirva inmediatamente.

290 calorías, 9 gramos de grasa

PINCHO TROPICAL

12 trozos pequeños de pechuga de pollo limpio, sin piel y sin grasa

6 cdas. de salsa BBQ casera (ver salsas y aderezos) o comercial sin grasa

6 trozos de 1 x 1" (2½ cm.)de aguacate (que esté maduro, pero firme)

6 trozos de papaya (lechosa, fruta bomba)

6 trozos de mangos

6 trozos de piña

Grasa en aerosol

6 pinchos o kabobs

Lave el pollo y séquelo bien. Póngalo en un tazón con la mitad de la salsa BBQ y guárdelo tapado en la nevera por una hora. Inserte los trozos de pollo en los pinchos y áselos en la parrilla por unos minutos. Ahora inserte los trozos de fruta. Termine de cocinarlos pasando varias veces una brochita con el resto de la salsa BBQ. Vírelos para que se doren por todos lados. También se pueden cocinar en la parrilla de una bandeja de hornear previamente engrasada con grasa en aerosol puesta debajo del asador superior o "broiler" de su horno.

300 calorías, 9 gramos de grasa . Por pincho: 150 calorías, 5 gramos de grasa

> **Nota:** No cocine las frutas y el aguacate desde el principio con el pollo porque como éste requiere más tiempo de cocción, corre el riesgo de que se deshagan.

POLLO AGRIDULCE

16 oz. (½ Kg) de pechuga de pollo (sin hueso ni piel) cortadas en trozos

1 lata de 8 oz. (¼ Kg) de trozos de piña escurrida (reserve el jugo)

2 cdas. de maicena

3 cdas. de vinagre de manzana

3 ó 4 cdas. de miel

1 cdta. de mostaza Dijon

2 cdtas. de ketchup sin sal

1 pizca de pimienta de cayena

2 cdtas. de jengibre rallado finamente o en polvo

1 cebolla grande picada en lascas

2 dientes de ajo machacados

1 tz. de hongos o setas lasqueadas

1 pimiento verde lasqueado

½ tz. de caldo de pollo sin grasa

1 tomate cortado en lascas

1 cda. de salsa soya "light"

½ tz. de habichuelas chinas

Mezcle bien el jugo de la piña con la maicena, incorpore el vinagre, la miel, la mostaza, el ketchup y la pimienta. Mezcle bien y ponga aparte. En una sartén, vierta el caldo con el ajo, la cebolla, el pollo y los pimientos verdes. Revuelva ocasionalmente hasta que el pollo esté bien cocinado. Añada las setas y el jengibre. No cocine excesivamente o el pollo se resecará. Eche la mezcla del jugo de piña y añádale el resto de los ingredientes: los tomates, las habichuelas y los trozos de piña. Cocine aproximadamente cinco minutos a fuego bajo removiendo constantemente hasta que se ablanden las habichuelas. Una vez que la salsa haya espesado, corrija la sazón y eche la salsa de soya. Revuelva un poco más. Sirva enseguida. Acompañe con arroz blanco o fideos chinos.

199 calorías, 6 gramos de grasa

"PEPPER STEAK"

12 oz. (350 gramos) de filete o "tenderloin"
 limpio de grasa y cortado en tiras
2 pimientos verdes cortados en tiras anchas
2 cebollas cortadas en lascas anchas
¼ tz. de salsa de soya (light)
1 cubito de caldo de carne concentrado
1 tz. de agua
½ tz. de castañas de agua (water chesnuts) enlatadas
1 cda. de maicena
Pimienta a gusto

Adobe la carne con la salsa de soya por una hora. En una sartén grande, disuelva el cubito de carne en la mitad del agua. Eche la carne, la cebolla, los pimientos y las castañas. Cocine en una sartén honda. Retire la carne, los pimientos y la cebolla. Disuelva la maicena en la otra mitad del agua y mézclela con la salsa que quedó en la sartén, (añada más agua si es necesario). Cocine a fuego de mediano a bajo moviendo constantemente hasta que espese. Incorpore la carne, la cebolla y el pimiento. Caliente un minuto más. Corrija la sazón, si es necesario. Sirva bien caliente. Acompañe con arroz blanco.

245 calorías, 10 gramos de grasa.

JAMON GLASEADO CON PIÑA Y MOSTAZA

1 jamón precocinado, limpio de grasa y sin hueso
 de 6 lbs. (3 Kg)
½ tz. de jugo de piña concentrado, a temperatura
 ambiente sin diluir
2 cdas. de vinagre de manzana
2 cdas. de mostaza de grano grueso
3 cdas. de miel
Clavos de olor

Haga cortes diagonales en direcciones opuestas para formar un diseño de enrejillado en el lomo del jamón. Entierre un clavo de olor en el centro de cada cuadrado. Precaliente el horno a 325°F (160°C). En un recipiente, combine el jugo de piña, la miel, la mostaza y el vinagre. Coloque el jamón en una fuente de hornear de cristal refractario y añada media pulgada (1 cm.) de agua. Hornee por hora y media. Unte la mezcla de jugo de piña por encima, cada 10 ó 15 minutos, hasta que el jamón se haya dorado. Deje enfriar 10 minutos antes de servir.

205 calorías, 10 gramos de grasa

GUISO DE TERNERA GRATINADO

8 PORCIONES

2 lb. (1Kg) de carne de ternera limpia de grasa, cortada en trozos pequeños
1 cdta. de sal
½ cebolla picadita
1 cubito de carne concentrado disuelto en 1 tz. agua
1 cdta. de aceite vegetal
2 cdas. de maicena disuelta en 2 cdas. de agua
2 tz. de hongos frescos lasqueados
Jugo de 1 limón
2 cdtas. de salsa inglesa (Worcestershire)
Sustituto de huevo líquido equivalente a un huevo
½ tz. de migas de pan rallado
Sal a gusto

Precaliente el asador superior o "broiler". Ponga la ternera en una sartén honda con el cubito disuelto en un poco de agua y la cebolla. Cocine por ocho minutos. Guarde el caldo, escurra la carne y reserve para después.

Eche los hongos en la sartén. Añada la maicena y mueva constantemente por dos minutos. Poco a poco eche el resto del caldo y siga moviendo constantemente con una cuchara de madera y deje que espese. Añada el jugo de limón y la salsa inglesa, mezcle bien y corrija la sazón. Vuelva a echar la carne de ternera, mueva un poco y ponga todo en una fuente de hornear de cristal refractario con una brocha únteles huevo por encima. Espolvoree las migas de pan. Colóque la fuente debajo del asador superior del horno "broiler" hasta que dore uniformemente, aproximadamente por un minuto.

299 calorías, 9 gramos de grasa

PULPETA O "MEAT LOAF"

8 PORCIONES

1 lb. (½ kg) de picadillo 96% sin grasa
½ lb (¼ kg) de jamón limpio de grasa
1 cebolla mediana rallada
2 dientes de ajo picaditos y machacados
2 cdas. de perejil picadito
¾ tz. de pan rallado
¾ tz. de salsa de tomate
¼ del paquete de sustituto de huevo líquido
1½ cdta. de orégano en polvo
1 cdta. de comino en polvo
¼ cdta. de pimienta negra
⅛ cdta. de sal
Grasa en aerosol

Salsa:
¾ tz. de ketchup
½ cdta. de sazón italiano
1 cdta. de miel

Combine la carne y el jamón en un tazón grande y añada la cebolla, el pimiento verde, el ajo, el perejil, el orégano, el comino, la sal, la pimienta y media taza de pan rallado. Agregue los huevos. Amase bien y dele forma de cilindro.

Precaliente el horno a 350°F (180°C). Engrase una fuente de cristal refractario con grasa en aerosol y coloque la carne en el centro. Hornee durante 35 minutos. Mezcle los ingredientes de la salsa y échesela por encima al rollo de carne. Hornee por 30 minutos más. Retire la carne del horno y espere 10 minutos antes de servir. Sírvala cortada en rodajas.

280 calorías, 9 gramos de grasa

Nota : Es preferible comprar un corte de carne magra, limpia de grasa y molerla en la carnicería o en la casa.

POLLO CON MOLE POBLANO

8 PORCIONES

2 chiles poblanos
1 chile ancho
1 chile mulato
2 chiles pasilla
2 chiles guajillo
¼ cdta. de pimienta en grano
¼ cdta. de semillas de anís
½ cdta. de comino en polvo
3 clavos de olor
1 rajita de canela o ½ cdta. de canela en polvo
1 hoja de laurel
1 cda. de almendras lasqueadas
2 cdas. de semillas de sésamo (ajonjolí)
2 tortillas de maíz picaditas
1 cebolla grande en trozos
5 dientes de ajo
3 tomates maduros
¼ tz. de cilantro picadito
¼ tz. de pasitas (uvas pasas) sin semillas
⅓ tz. de compota de ciruelas
2½ cdas. de cocoa sin azúcar
1½ cda. de aceite de maní
2 cdas. de miel
2 cdas. de vinagre balsámico de frutas
1 cda. de mantequilla de maní baja en grasa
8 porciones de pechugas de pollo de 4 oz. cada
  una, limpias, sin piel y sin hueso
1 cda. de extracto de almendras
Sal a gusto
Adobo mixto a gusto

Hierva las pechugas y ponga a enfriar con su caldo en la nevera o refrigerador. Cuando la grasa se cuaje, retírela con un cucharón. Saque las pechugas y espolvoréelas con adobo mixto. Reserve el caldo para hacer el mole. Corte los chiles a la mitad, quite las venas y semillas. Póngalos en un tazón con agua caliente, tape y espere 30 minutos o hasta que estén suaves. Mientras tanto, en una sartén de hierro seco o comal, tueste las semillas de anís, el cilantro, la pimienta, el comino, los clavos, la canela y la hoja de laurel por dos o tres minutos hasta que la mezcla de especias esté olorosa, moviendo la sartén para que no se quemen. Pulverícelas en un procesador o en un mortero o molinillo de café. Del modo anterior, tueste las almendras, las semillas de sésamo y las tortillas por separado. Resérvelas. Tueste la cebolla, el ajo y los tomates en la sartén hasta que estén dorados y viértalos en la licuadora o procesadora, junto con las especias molidas, las almendras, el extracto de almendras, una cucharada de semillas de sésamo, la mantequilla de maní, la compota de ciruelas y la tortilla. Agregue un poco del caldo y bata unos minutos hasta hacer una crema. Caliente el aceite en un caldero, vierta la mezcla del mole con cuidado y cocine a fuego alto moviendo con un cucharón de madera. Añada el resto del caldo, el vinagre, la miel, la cocoa y la sal a gusto. Cocine por cinco minutos. Incorpore las pechugas de pollo al mole y déjelas cocinar a fuego mediano, revolviendo de vez en cuando. Si se espesa demasiado, agregue más caldo. Corrija la sazón añadiendo más miel, sal o vinagre a gusto. Cuando el pollo esté cocinado póngalo en una fuente y vierta el mole por encima. Espolvoree por encima las semillas de sésamo tostadas y sirva inmediatamente. Acompañe con arroz.

265 calorías, 7 gramos de grasa

Nota: Puede usar especias en polvo, pero debe tostarlas o asarlas para "levantar" su sabor.

SOLOMILLO DE RES CON CEBOLLAS ACARAMELADAS

4 PORCIONES

1 lb. (½ Kg) de solomillo de res limpio de
  grasa, cortado en trozos de 1" (½ cm.)
1 cubito de caldo concentrado de carne
4 cebollas cortadas en rodajas anchas
¼ tz. de agua
¼ tz. de vino tinto
2 cdas. de vinagre balsámico
1 cda. de miel
1 cdta. de tomillo en polvo
1 cdta. de pimienta negra molida
½ cdta. de salsa inglesa (Worcestershire)
Sal a gusto

Disuelva el cubito en el agua en una sartén. Agregue las cebollas, la salsa inglesa y las especias. Tape y cocine moviendo de vez en cuando durante dos o tres minutos. Añada el vinagre y la miel. Agregue el vino y deje cocinar tapado a fuego lento por un minuto. Ponga aparte. Coloque la carne en la parrilla de una bandeja y coloque debajo del asador superior o "broiler" del horno hasta que esté cocinado a su gusto. Eche los trocitos de carne asados en la sartén con la mezcla de las cebollas. Revuelva y corrija la sazón si fuera necesario. Sirva enseguida con la salsa de cebolla por encima.

290 calorías, 10 gramos de grasa

LECHON ASADO

8 PORCIONES

2½ lbs. (1¼ Kg) de posta de cerdo para asar
  limpio de grasa
½ tz. de naranja agria o ¼ tz. de jugo de naranja
¼ tz. de jugo de lima
1 cda. de aceite de oliva
2 dientes de ajo picaditos y machacados
½ cdta. de sal
¼ cdta. de pimienta
¼ cdta. de laurel
½ cdta. de orégano
½ cdta. de comino

Haga una mezcla con el jugo y las especias. Pinche la carne por todas partes, marine y déjela tapada en la nevera por varias horas. Ponga la carne con termómetro para carnes en una fuente de hornear. Colóquelo en el horno precalentado a 350°F (180°C).

Con el jugo en que la marinó, bastéela con una brochita. Hornee tapada una hora. Destape y hornee 1 ½ hora más, o hasta que la temperatura del termómetro registre 175° y la carne se haya dorado. Siga basteando varias veces durante la cocción. Ideal para servir a la cubana con arroz blanco y frijoles negros o yuca al mojo.

250 calorías, 9 gramos de grasa

PLATOS A BASE
DE HUEVOS

SOUFFLE DE JAMON Y QUESO

8 PORCIONES

6 oz. (175 gramos) de queso cheddar o amarillo
  (sharp) de sabor más fuerte sin grasa
1½ tz. de leche sin grasa
Sustituto de huevo líquido equivalente a 4 yemas
  de huevo
½ tz. de jamón sin grasa cortado en cubitos pequeños
¼ tz. de mostaza Dijon
1 cda. de mantequilla
½ cdta. de sal
¼ cdta. de pimienta
6 lascas de pan de molde bajo en grasa, sin
  corteza y picado en trocitos pequeños
6 claras de huevo
Grasa en aerosol

Precaliente el horno a 325°F (160°C). Caliente la leche a punto de ebullición, échela en una licuadora y añada la mantequilla, el pan, la sal, la pimienta y la mostaza. Mezcle todo hasta que espese. Añada el jamón, el queso y, poco a poco, el sustituto del huevo; mezcle bien.

En un tazón aparte, bata las claras de huevo hasta que forme picos, pero que no estén secas. Con movimientos suaves y envolventes, una la primera mezcla con las claras de huevo. Engrase un recipiente de soufflé de 8" (20 cm.) de diámetro con la grasa en aerosol. Asegúrese que los costados del recipiente estén bien engrasados. Hornee durante 50 minutos en la parrilla inferior del horno. Sírvalo inmediatamente, ya que después de tres o cuatro minutos puede poco a poco comenzar a desinflarse.

116 calorías, 2.4 gramos de grasa

> Si usa 4 yemas de huevo regular tendrá aproximadamente:
> 174 calorías, 6.6 gramos de grasa por porción

TORTILLA TEX-MEX

4 PORCIONES

½ cubito de caldo de pescado concentrado
  disuelto en ¼ de tz. de agua
8 claras de huevo
4 yemas
1 papa grande cocinada y cortada en cubitos
1 pimiento rojo limpio y cortado en tiras
4 cebollinos picaditos
1 tz. de granos de maíz (elote) enlatados cocidos
½ tz. de arvejas (petit pois)
½ lb. (250 gramos) de camarones medianos
  limpios y cocinados
3 oz. (90 gramos) de salsa de tomate
Grasa en aerosol

Ponga en un tazón los huevos y bata un poco. Caliente el caldo de pescado en una sartén grande de material antiadherente. Añada los cebollines y el pimiento, deje cocinar varios minutos. Agregue las papas y deje que doren un poquito. Incorpore el maíz, las arvejas y la salsa de tomate. Revuelva bien. Por último, agregue los camarones y sazone a gusto. Retire del fuego. Rocíe la sartén con aceite en aerosol. Suba el fuego. Añada el huevo batido e incorpore el relleno de los camarones. Distribuya bien en la sartén y deje que dore por debajo. Baje el fuego a mediano y cocine hasta que el huevo esté casi seco por arriba. Tape la sartén con un plato grande y dele vuelta a la tortilla. Rocíe más grasa en aerosol a la sartén y deslice la tortilla adentro. Deje cocinar unos minutos y vuelva a deslizar la tortilla a un plato de servir.

235 calorías, 6 gramos de grasa

QUICHE DE VEGETALES

8 PORCIONES

½ tz. de cebolla picadita
2 dientes de ajo molido
2 tz. de arroz integral cocinado
1 clara de huevo
1 tz. de espinacas cocinadas escurridas y picadas
½ tz. de maíz (elote) congelado
⅓ tz. de zanahorias picadas
1¾ tz. de hongos (setas) frescos picaditos
2 cdas. de perejil italiano picadito
1 tz. de queso mozzarella sin grasa rallado
1 tz. de leche evaporada sin grasa
2 cdas. de queso parmesano sin grasa, rallado
⅓ cdta. de vinagre balsámico
½ cdta. de salsa inglesa (Worcestershire)
Sustituto de huevo líquido equivalente a 4 huevos
1 cubito de caldo de pollo concentrado disuelto
  en ⅔ taza de agua
1 pizca de nuez moscada
1 pizca de pimienta negra

En un molde de pastel, mezcle el arroz con la clara de huevo sin batir. Apisone esta mezcla contra el fondo y los lados del molde hasta formar la corteza. Vierta el caldo en una sartén, añádale la cebolla, el ajo, las zanahorias y el maíz. Cuando la zanahoria esté un poco más tierna, incorpore los hongos, las espinacas, el perejil, el vinagre y la salsa inglesa y siga moviendo. Agregue los quesos y la leche evaporada. Baje el fuego y añada el sustituto de huevo. Corrija la sazón. Vierta esta mezcla en la corteza ya preparada y espárzala bien. En un horno precalentado a 375°F (190°C), hornee durante 30 minutos.

175 calorías, 0 grasa

> **Nota:** Si no encuentra sustituto de huevo líquido en su localidad y hace esta receta con huevos naturales cada porción tendrá 197.5 calorías y 2.5 gramos de grasa.

HUEVOS BENEDICTINOS

6 PORCIONES

6 ruedas o mitades de panecillos ingleses
  (English muffins)
6 lascas de jamón sin grasa
6 huevos poché (ver receta en este capítulo)
2 tz. de salsa holandesa (ver aderezos y salsas)

Tueste los panecillos. Cubra cada mitad con una lasca de jamón (doblado o cortado), coloque un huevo poché encima y vierta dos cucharadas de salsa holandesa bien caliente sobre cada uno. Sirva enseguida.

261 calorías, 8.25 gramos de grasa

HUEVOS RANCHEROS

4 PORCIONES

4 tortillas de maíz (elote) de 6" (15 cm.) de diámetro
4 huevos poché (ver receta en este capítulo)
¼ tz. de queso cheddar sin grasa, rallado bien finito
¼ tz. de cilantro fresco bien picadito
8 cdas. de salsa de tomate casera o comercial sin grasa
Agua
Vinagre

Salsa:
1 pimiento verde bien picadito
1 cebolla grande bien picadita
4 tomates grandes cortados en trocitos y sin semilla
2 dientes de ajo
1 cdta. de orégano
¼ cdta. de pimienta negra
Sal a gusto
1 chile pequeñolimpio y picadito (opcional
Pizca de azúcar (opcional)

Para la salsa: ponga la cebolla, el ajo, los tomates y el chile, (si lo usa), en el procesador hasta que estén picados y unidos, pero no hechos puré. Vierta la mezcla en una olla y caliente a fuego lento, revolviendo ocasionalmente hasta que la salsa espese. Retire del fuego y corrija la sazón.

Hierva agua en una sartén grande y profunda y eche un chorrito de vinagre. Mientras hierve el agua, ase las tortillas en un comal o sartén (preferiblemente de hierro) y póngalas en una cesta tapada para que se mantengan calientes. Cocine los huevos poché. Coloque las tortillas en platos individuales y ponga los huevos encima. Viértales la salsa por encima. Écheles un poquito de queso y cilantro y póngalos unos segundos en el microondas para derretir el queso. Sirva inmediatamente.

170 calorías, 5.3 gramos de grasa.

> **Nota:** Si lo desea, al servir puede sustituir el chile por unas gotas de salsa picante (Tabasco).

HUEVOS POCHE

Para hacer los huevos poché ponga a hervir 2 litros de agua con un poquito de vinagre. Cuando esté hirviendo a borbotones, rompa los huevos y échelos con cuidado en el agua. Déjclos a fuego lento hasta que se cocinen (dos minutos aproximadamente). Si desea asegurarse que el huevo mantenga su forma, puede sostenerlo a flote dentro de una espumadera. Retírelos del agua con la espumadera y póngalos en el plato o sobre el pan o tortilla. También hay muchos moldes para hacer huevos poché que usted puede utilizar, siguiendo las instrucciones del fabricante.

TORTILLA DE PAPAS

6 PORCIONES

4 papas medianas, peladas y cortadas en cubitos
  de ½ pulgada (1 cm.)
1 cebolla picadita
1 cubito de caldo concentrado de pollo
½ tz. de agua
2 paquetes de sustituto de huevo líquido
8 claras de huevo (opcional)*
2 cdtas. de aceite de oliva
¼ cdta. de polvo de hornear
¼ cdta. de pimienta
Sal a gusto

Hierva las papas unos minutos sin que lleguen a ablandarse totalmente. En una sartén honda de material antiadherente, disuelva el cubito con el agua. Eche la cebolla y cuando esté blanda; agregue las papas, revuelva ocasionalmente. Retire del fuego. Con una espumadera saque las papas y cebolla para que escurran y ponga aparte. Bata las claras con el polvo de hornear a punto de merengue e incorpore el sustituto de huevo, las papas, las cebollas, la pimienta y la sal a gusto. Una con movimientos suaves y envolventes. Eche una cucharadita de aceite en una sartén de material antiadherente cuando esté bien caliente. Vierta la mezcla y baje a fuego mediano, moviendo la sartén para que no se queme. Cuando los bordes se hayan despegado de la sartén y la superficie se haya asentado, levante con cuidado un borde, si la parte de abajo ha empezado a dorarse, ya está lista para virar. Tape la sartén con un plato grande y vírela sobre el plato. Eche la otra cucharadita de aceite a la sartén y deslice la tortilla en la misma. Cocine unos minutos más moviendo la sartén hasta que la tortilla se dore por debajo.

142 calorías, 2 gramos de grasa

> * Si se usan las claras de huevo tendrá: 180 calorías y 9 gramos de grasa.

HUEVOS CHIAPANECOS

6 PORCIONES

2 latas de 15 oz. (450 gramos) cada una de
  espárragos escurridos y picados
6 huevos duros
2 tz. de salsa blanca sin grasa (ver capítulo de salsas
  y aderezos)
Pan molido
Grasa en aerosol

Mezcle los huevos picados, la salsa y los espárragos, revuelva bien. Vacíe la mezcla en un molde para pastel de cristal refractario engrasado y espolvoreado con pan molido. Hornee por 15 ó 20 minutos a 375°F (190°C).

108 calorías, 5.3 gramos de grasa

FRITTATA

4 PORCIONES

12 cebollinos picaditos
1 tz. de tomate picado en trozos
1 tz. de zucchini picado en tozos
2 cdas. de albahaca fresca picadita
½ cdta. de orégano en polvo
½ tz. de hierbas frescas picaditas, tales como:
  salvia, tomillo, menta, eneldo, etc...
⅓ tz. de queso mozarella sin grasa
2 cdas. de queso parmesano sin grasa
2 cdtas. de aceite de oliva
Sustituto de huevo líquido equivalente a 8 huevos
Sal y pimienta a gusto

Nota: Si en su localidad no encuentra sustituto de huevo líquido, haga la frittata utilizando 8 claras ligeramente batidas y luego mézclelas con 4 yemas. Tendrá entonces 160 calorías, 5.1 gramos de grasa.

Ponga el aceite en una sartén de material antiadherente (que se pueda poner después al horno debajo del asador superior o "broiler") y saltee las hierbas frescas picaditas y el orégano en polvo. Luego añada el cebollino, el tomate y el zucchini. En un tazón, vierta la mezcla del sartén y el sustituto de huevo líquido. Vuelva a poner la sartén al fuego y vierta la mezcla del tazón. Agarre la sartén del mango y muévala hasta que el fondo de la frittata empiece a dorar, pero la parte de arriba todavía este líquida (de dos a tres minutos). Agregue el queso mozarella y espolvoree el queso parmesano por encima.

Ponga la sartén a 5" (12½ cm.) debajo del asador superior o "broiler" de su horno aproximadamente un minuto. Tenga cuidado de no sobre cocinar la frittata pues ésta debe quedar bien suave en el centro. Deslícela en una fuente, córtela en cuñas y sirva inmediatamente.

127 calorías, 2.3 gramos de grasa

TORTILLA DE CHAMPIÑONES

1 PORCIÓN

    Sustituto de huevo líquido equivalente a 2 huevos
    1 clara de huevo ligeramente batida
    2 cdas. de cebolla bien picadas
    ½ tomate sin semilla bien picado
    ¼ cdta. de eneldo
    Un poquito de caldo de pollo desgrasado natural
     o hecho con un cubito para hacer el sofrito
    ¼ tz. de champiñones cortados en mitades
    ¼ tz. de queso mozzarella rallado sin grasa o bajo
     en grasa (light)
    Sal y pimienta a gusto
    Grasa en aerosol

Ponga en una ollita el caldo de pollo y la cebolla, deje cocinar unos minutos; añada el tomate y los champiñones, luego agregue el eneldo y sazone a gusto con sal y pimienta. Deje cocinar unos ocho minutos más y retire del fuego.

En un tazón pequeño, una la clara, el sustituto de huevo y añada sal a gusto. Bata ligeramente con un tenedor. Ponga aparte.

Caliente una sartén de material antiadherente y rocíela ligeramente con grasa en aerosol. Agregue el huevo y extiéndalo en todo el fondo de la sartén. Cocine hasta que la tortilla esté ligeramente dorada en el fondo y la superficie esté más seca. Con la ayuda de un plato dele vuelta a la tortilla. Rellene con la preparación de champiñones, agregue el queso mozzarella y con ayuda de una espátula, dóblela. Sirva inmediatamente ideal para acompañar con frutas frescas.

142 calorías, 0.5 gramos de grasa

POSTRES

PASTEL DE MANZANA EN HOJALDRE

8 PORCIONES

6 tz. de manzanas limpias, peladas y cortadas en lascas
1 tz. de azúcar blanca
⅛ cdta. de sal
3½ a 4 cdas. de maicena
¾ cdta. de canela en polvo
1 cda. de jugo de limón
1 cdta. de vainilla
10 hojas de hojaldre (phyllo dough)
1 cda. de azúcar
1 cda. de sirope de arce o de maíz
1 cda. de azúcar en polvo
Grasa en aerosol

Al cortar las manzanas, rocíeles el jugo de limón para que no se pongan duras. Tápelas. En un tazón combine, la taza de azúcar, la canela, la sal y la maicena. Ponga aparte.

Seque bien el área de trabajo. Saque el rollo de masa de hojaldre del paquete. Coloque una hoja de hojaldre sobre la superficie y rocíele un poco de grasa en aerosol. Espolvoree un poco de azúcar. Repita esta operación con las hojas de hojaldre restantes, colocando una sobre otra. Mantenga tapadas con un paño las que esté rociando para evitar que se seque la masa.

Invierta un molde de 9" (23 cm.) sobre las capas de hojaldre y con una tijera, corte alrededor del borde del molde para formar un círculo. Tape los remanentes. Eche grasa en aerosol al interior del molde y ponga adentro el círculo de las capas de hojaldre. Presione firmemente contra el fondo y los costados. Recorte para emparejar el borde. Acomode una capa de lascas de manzanas y espolvoree la mezcla de azúcar y maicena. Repita esta operación hasta llenar el molde.

Corte varios triángulos de 3" (7½ cm.) con lo que le sobró de la masa de hojaldre.

Decore poniendo estos triángulos sobre la última capa de manzanas, dejando que se plieguen sobre sí mismos en la superficie del pastel. Con una brochita, únteles el sirope.

Coloque el pastel en un horno precalentado a 350°F (180°C) de 45 a 50 minutos o hasta que se dore. Espolvoree el azúcar en polvo por encima.

273 calorías, 1 gramo de grasa

Nota: Si usted es diabético, elimine el azúcar de esta receta y prepare la masa con endulzante y grasa en aerosol. Endulce las manzanas con endulzante artificial en polvo mezclado con cucharadas de maicena. Al final, espolvoree mas endulzante y rocíe mas grasa en aerosol a los pedacitos de hojaldre de la superfice.

NATILLA BASICA/ NATILLA CATALANA

4 PORCIONES

    1 tz. de azúcar
    ¼ tz. de maicena
    4 oz. (125 gramos) de sustituto de huevo líquido
    1½ tz. de leche fresca sin grasa
    1 cdta. de vainilla
    ¼ cdta. de sal
    ½ cdta. de ralladura de limón (opcional)

Diluya la maicena en la leche. Vierta la mezcla en una ollita que pueda llevar a baño María. Agregue el azúcar y el sustituto de huevo. Si desea puede añadir ahora la ralladura de limón. Cocine revolviendo sin cesar hasta que espese y adquiera un aspecto satinado. Incorpore la sal y la vainilla. Revuelva y retire del fuego. Vierta en moldecitos individuales y enfríe en la nevera.

Esta natilla es ideal para rellenar tartaletas de frutas y también para hacer crema catalana. Para esta última versión, después que la sacó fría de la nevera, échele una cucharada (o más si gusta) de azúcar por encima y tuéstela con una antorcha de cocina hasta que se forme una capa de caramelo. Si no tiene antorcha, enfríe la mezcla en moldecitos de soufflé o cazuelitas de barro y después que ya le echó el azúcar, póngalos bajo el asador superior o "broiler" de su horno, hasta que tueste el azúcar. Vigílelos para que no se quemen.

262 calorías, 0 grasa.

> **Nota:** Si se hace con huevos naturales cada porción tendrá: 284.5 calorías y 2.65 gramos de grasa.

PASTEL DE FRUTAS GLASEADAS

10 PORCIONES

    ¼ tz. de galletas Graham pulverizadas
    ¼ tz. de jalea de manzanas
    3 cdas. de jugo de manzana
    1 clara de huevo ligeramente batida
    Natilla (ver receta en este capítulo)
    ¾ lb. de fresas frescas
    ½ tz. de arándanos
    6 kiwis
    Grasa en aerosol

Rocíe grasa en aerosol a un molde para pastel de cristal refractario. Con un tenedor, mezcle el jugo con la clara de huevo, añádale la galleta y mezcle bien. Vea que los grumos de galleta estén parejos y húmedos, pero sueltos. Con una cuchara o apisonador apriete la mezcla contra el fondo y los costados del molde para formar la corteza del pastel. Precaliente el horno a 350°F(180°C) y hornee la corteza por 10 minutos. Sáquela y deje enfriar por 45 minutos antes de rellenarla.

Prepare la natilla para 8 porciones (ver receta en este capítulo). Viértala acabada de hacer en la corteza. Cubra y llévela a la nevera. Cuando la natilla esté fría, decore el pastel con las frutas enteras o rebanadas. Disuelva la jalea en el horno de microondas o en una ollita a fuego bajo. Con una brochita úntele la jalea derretida a las frutas. Refrigere hasta el momento de servir.

248 calorías, 2 gramos de grasa

> **Nota:** Para hacer tartaletas individuales, divida la masa en 15 moldecitos de hornear y hornee de cinco a seis minutos. El resto del procedimiento se queda igual. Cada tartaleta tendrá 150 calorías y 1 gramo de grasa.

BIZCOCHO DE CHOCOLATE

12 PORCIONES

1 barra de 4 oz. (125 gramos) de chocolate dulce
  para hornear
½ tz. de agua caliente
5 claras de huevo
4 yemas de huevo
¼ tz. de compota de ciruela
⅔ tz. de azúcar
1 tz. de harina para todos los usos cernida
1 cdta. de polvo de hornear
1 cdta. de vainilla
½ cdta. de sal
Grasa en aerosol

Precaliente el horno a 350°F (180°C). Disuelva el chocolate en el agua caliente y ponga a un lado. En un tazón grande bata las claras de huevo hasta que estén suaves y formen piquitos. Agregue el azúcar poco a poco sin dejar de batir hasta que tome una consistencia más firme y brillosa. Ponga a un lado.

En otro tazón combine el chocolate disuelto, las yemas de huevo, el puré de ciruela y la vainilla. Mezcle bien. Una la harina con el polvo de hornear y la sal e incorpórelo a la mezcla de chocolate poco a poco. Bata ligeramente para unir los ingredientes. Por último, añada esta mezcla a las claras de huevo y con una espátula únalo todo con un movimiento envolvente. Ponga la mezcla en un molde tubular (de los que tienen un hueco en el centro) de material antiadherente ligeramente engrasado con grasa en aerosol y hornee de 45 a 50 minutos o hasta que al introducir un palillo salga completamente seco. Deje enfriar. Antes de servir, vierta la salsa espesa de chocolate caliente por encima (ver receta en este capítulo). Si prefiere no usar la salsa de chocolate, espolvoree entonces azúcar en polvo sobre el bizocoho para adornar su presentación.

152 calorías, 4 gramos de grasa. Con la salsa de chocolate: 289 calorías, 4 gramos de grasa

HELADO DE VAINILLA CON GALLETITAS

6 PORCIONES

½ lata de 7 oz. (200 gramos) de leche condensada
  sin grasa
8 oz. (¼ Kg) de leche evaporada sin grasa
1 sobre de crema batida en polvo (whipped
  topping mix)
8 galletitas de María
4 cdtas. de vainilla

Ponga en un tazón dos cucharadas de la leche evaporada y la crema en polvo. Bata a velocidad baja por unos segundos. Suba la velocidad y bata por cuatro minutos hasta que quede cremosa. Añada el resto de la leche condensada, la vainilla y las galletitas picaditas. Mezcle todo y viértalo en seis moldes o copitas individuales o en un recipiente de no más de 2" (5 cm.) de alto. Congele. Elimine las galletitas si va a usarlo como acompañante de otro postre o bebida.

144 calorías, 0.9 gramo de grasa

MOUSSE DE CHOCOLATE CON SIROPE DE CHOCOLATE Y LICOR

6 PORCIONES

Crema:
½ tz. de leche sin grasa
1 sobrecito de crema batida en polvo (whipped topping mix)
1 cda. de cocoa en polvo sin azúcar
½ cdta. de vainilla

Salsa:
8 oz. (¼ Kg) de sirope de chocolate comercial sin grasa (chocolate topping)
1 oz. de ron, cogñac o Kahlúa

Adicional:
Frutas para su receta (fresas, frambuesas, etc.)

Bata por dos minutos, a velocidad baja la crema batida, la cocoa y la leche. Cuando estén bien unidas, suba la velocidad a mediana y bata por cuatro minutos aproximadamente o hasta que empiecen a formarse piquitos. Añada la vainilla, aumente la velocidad al máximo y bata por unos segundos. Deje la crema en el tazón donde se mezcló, tápela y llévela a la nevera. A la hora de servir colóquela con una espátula en platos individuales y adorne con frambuesas. Vierta la salsa de chocolate por encima. También puede enfriarse en copitas individuales.

Para la salsa: Caliente el sirope y retire del fuego. Agregue el ron y revuelva bien. Esta salsa de chocolate es ideal para servir sobre helados, frutas y bizcochos.

Si no encuentra la crema batida en polvo, sustitúyala por la receta de 'Crema Batida II' en este capítulo.

290 calorías, 1 gramo de grasa

Nota: Se es diabético utilice sirope comercial sin azúcar o cocoa disuelta en un poquito de agua con endulzante artificial. Agregue en cucharadita de maicena para espesarla, si desea huego, mezcle con ron o con extracto de sabor a ron.

TRES LECHES

12 PORCIONES

Un bizcocho esponjoso (ver receta en este capítulo)
1 lata de leche condensada sin grasa
1 tz. de leche evaporada sin grasa
1cda. de vainilla

Para el merengue:
4 claras de huevo
½ tz. de azúcar
¼ tz. de agua
1 cdta. de jugo de limón
1 pizca de sal
12 cerezas empacadas con sirope escurridas (opcional)

Después de mezclar los ingredientes del bizcocho esponjoso, vierta la mezcla en una fuente de hornear de material antiadherente o de cristal refractario de 12" x 8" (30 x 20 cm.). Hornee de 35 a 40 minutos a 350°F (180°C).

En lo que se va haciendo el bizcocho, mezcle la tres leches y la vainilla en un tazón. Saque el bizcocho del horno y deje reposar tres minutos. Con un cuchillo, desprenda todo el borde. Pinche el bizcocho varias veces hasta el fondo con un palillo. Vierta la mezcla de las tres leches poco a poco. Póngalo en la nevera.

Haga un sirope espeso con el azúcar y el agua. Bata las claras a punto de merengue, agregue la sal y el limón. Siga batiendo hasta que tenga una consistencia satinada. Poco a poco, vierta el sirope por encima del bizcocho. Esparza el merengue sobre el bizcocho con una espátula y adorne con cerezas.

218 calorías, 0 grasa

CREPES BASICOS
RINDE PARA 16 CREPES

1¼ tz. de harina cernida
¾ pqte. de sustituto de huevo líquido
  (equivalente a 3 huevos)
2 tz. de leche sin grasa
1 cda. de mantequilla derretida
¼ cdta. de sal
1 cdta. de vainilla
Grasa en aerosol

Eche la harina cernida y la sal en un tazón. En otro tazón, agregue la vainilla y los huevos. Con una batidora de mano, mezcle bien hasta que la mezcla esté uniforme y échela sobre la harina. Siga mezclando suavemente. Cuele la mezcla por un colador y refrigere tapada por dos o tres horas, dejando que el plástico con que la tapa, toque la superficie.

Saque de la nevera y deje a temperatura ambiente.

En una sartén de hacer crepes o de lados redondeados de aproximadamente 9½" (24 cm.) de diámetro, eche un poco de grasa en aerosol y limpie el exceso con una toallita de papel. Con un cucharón eche la mezcla de los crepes en la sartén y ladéela para que la mezcla llegue hasta los costados. Cuando se empiecen a secar los bordes y ya esté doradito por debajo, vírelo con una espátula. Deje que

se dore por el otro lado y póngalo en un plato o fuente. Repita hasta tener todos los crepes hechos. Ideal para rellenar con aves o mariscos en salsas. Como postre, resultan deliciosos rellenos con dulce de leche o cajeta, con fresas y crema, o con trocitos de banana y piña con mermelada de durazno, calentados en el horno microondas. Flambeadas, al estilo "crepe suzette", es un postre espectacular.

47 calorías, 0.6 gramo de grasa

CREPES SUZETTE
4 PORCIONES

8 crepes básicos (ver receta anterior)
½ tz. de jugo de naranja
4 cdas. de azúcar
3 oz. (90 gramos) de brandy
Ralladura de 1 naranja

Prepare los crepes de acuerdo a la receta anterior. Dóblelos en cuatro y póngalos a un lado. Coloque el azúcar con el jugo de naranja y la ralladura de naranja a cocinar en un sartén y deje que se consuma el líquido un poco, y la salsa esté burbujeante. Coloque los crepes en la sartén, écheles la salsa por encima y rocíelos con el brandy. Flambee con un encendedor de cocina y sirva inmediatamente.

228 calorías, 1.2 gramo de grasa

Nota: Se es diabético, utilice mermelada de naranja sin azúcar (endulzada con endulzante artificial) mezclada con el jugo de narnja. Si no puede ingerir alcohol añada a la salsa ½ cucharadita de extracto con sabor a ron o brandy y no flambee.

BUDIN DE PAN Y FRUTAS SECAS

4 PORCIONES

7 oz. (200 gramos) de frutas secas mixtas
⅔ tz. de jugo de manzanas
¼ tz. de azúcar en polvo
4 rebanadas de pan viejo cortadas en cuadritos
1 cdta. de canela
⅔ tz. de leche sin grasa
3 cdas. de azúcar morena
1 banana grande en rodajas
1 cda. de azúcar en polvo

Caliente el horno a 400°F (200°C). Coloque las frutas secas en una olla pequeña con el jugo de manzanas y deje hervir hasta que las frutas ablanden. Retire del fuego, agregue el pan, las especias y la banana. Con una cuchara, ponga la mezcla en un recipiente de hornear bajo de cristal refractario de cinco tazas de capacidad. Vierta la leche encima. Espolvoree con azúcar morena y hornée de 25 a 30 minutos hasta que se vea firme y el azúcar se dore. Espolvoree con azúcar en polvo. Sirva caliente o frío.

190 calorías, 0.8 gramo grasa

Nota: Si usted es diabético puede sustituir el azúcar por endulzante artificial.

BIZCOCHO ESPONJOSO (ANGEL CAKE)

8 PORCIONES

1¾ tz. de azúcar
1 tz. de harina para todos los usos
10 claras de huevo
1 cda. de agua
1 cda. de jugo de limón
1 cdta. de cremor tártaro
½ cdta. de sal
½ cdta. de vainilla
½ cdta. de extracto de almendras

Precaliente el horno a 350°F (180°C).

Cierna dos veces el azúcar. Cierna la harina antes de medirla y luego tres veces más, mezclándola con media taza de azúcar y la sal. Bata las claras a punto de merengue a velocidad media, añada el agua, el limón y el cremor tártaro. Agregue la taza de azúcar cernida, cucharada por cucharada. Cierna la harina y el azúcar restante sobre la mezcla. Una a las claras batidas con una espátula de goma con un movimiento envolvente. Agregue los extractos de vainilla y de almendras.

Vierta la mezcla en un molde tubular (de los que tienen un hueco en el centro) de material antiadherente redondo y alto, sin engrasar, y hornee por 45 minutos en la parrilla más baja del horno. Inserte un cuchillo en la masa para verificar que el bizcocho ya esté cocinado. Sáquelo del horno. Déjelo enfriar por hora y media boca abajo sobre una parrilla. Desmolde. Puede servirse solo y espolvorearle azúcar en polvo o servirse con mermelada de frutas, helado o como base para otro postre.

97 calorías, 0 grasa

COPON DE BIZCOCHO BORRACHO CON FRUTAS Y NATILLA (TRIFLE)

8 RACIONES

¼ tz. de harina de trigo
2 cdas. de maicena disuelta en un poquito de la leche
2 latas de 12 oz. (350 gramos) de leche evaporada
  sin grasa
1 tz. de sirope de arce (maple syrup)
2 cdtas. de vainilla
1½ cdta. de extracto de almendras
½ bizcocho esponjoso (angel cake) comercial o
  casero (ver receta en este capítulo)
Cortado en cuadrados de 2 pulgadas (5 cm. aprox.)
1 pomo de 10 oz. (300 gramos) de jugo de cerezas
16 oz. (½ Kg) de melocotones enlatados en
Sirope "light", escurridos y cortados en trozos
2 oz. de ron (opcional)

Haga una natilla mezclando la leche, la harina, la maicena y el sirope, en una olla a baño María, a fuego mediano moviendo constantemente con un cucharón de madera. Cuando comience a hervir, reduzca a fuego lento hasta que la mezcla esté pegajosa, con una consistencia satinada similar al yogurt (aproximadamente 10 minutos). Añada la vainilla y el extracto de almendras. Deje enfriar ligeramente unos cinco minutos.

Mezcle en ron con el jugo de cerezas. Corte el bizcocho en cuadrados de 2 x 2 pulgadas (5 x 5 cm.). En un copón o recipiente de cristal hondo, de fondo plano, de aproximadamente 5" (13 cm.) de alto por 7" (18 cm.) de diámetro, coloque una capa de los cuadrados de bizcocho con el jugo de cerezas, una capa de natilla y una capa de los melocotones. Repita la operación hasta llenar el recipiente. Puede adornar con kiwis y cerezas frescas.

235 calorías, 1 gramo de grasa

Nota: Si la natilla forma grumos, pásela por un colador.

DULCE DE LECHE (CAJETA)

10 PORCIONES

1 lata de 14 oz. (400 gramos) de leche condensada
  sin grasa
Suficiente agua en una olla para cubrir hasta
  6 pulgadas (15 cm.) por encima de la lata

Hierva el agua a fuego alto. Cuando esté hirviendo, ponga dentro la lata de leche, baje el fuego a mediano, tape y cocine por 2 horas. Vigile que la lata siempre esté de 4 a 6 pulgadas (15 cm. aprox.) debajo del agua. Retire la olla del fuego y déjela enfriar completamente. El dulce de leche es ideal para servir sobre frutas, postres de hojaldre, crepas, galletas dulces o helado de vainilla.

110 calorías, 0 grasa

TRUFAS DE CHOCOLATE Y MENTA

40 PORCIONES

12 oz. (350 gramos) de chocolate semi-dulce
¾ tz. de mantequilla batida (whipped butter) sin sal
¼ taza de crema batida en polvo o instantánea
  disuelta en ¼ tz. de leche fresca sin grasa
½ tz. de cocoa en polvo
1 cda. de esencia de menta
Cereal de arroz inflado
Grasa en aerosol (spray)

Bata el polvo de crema batida y la leche hasta que espese un poquito. En una olla de material antiadherente, caliente el chocolate y la mantequilla hasta que se hayan derretido completamente, pero sin dejar que hierva. Deje enfriar ligeramente y agregue la esencia de menta. Añada la mezcla de polvo de crema instantánea y leche ligeramente batida. Mezcle con el chocolate. Tape el tazón. Refrigere la mezcla varias horas. Revuelva de vez en cuando y mantenga tapado hasta que el chocolate esté suficientemente duro. Para preparar las trufas, saque el tazón de la nevera y si desea, engrásese las manos con aceite en aerosol, saque un poquito de chocolate con una cucharita y vaya formando unas bolitas del tamaño de un bombón. No la amase demasiado para que el chocolate no se vaya a ablandar. Después de hacer cada bolita, pásela por polvo de cocoa y póngala en la copitas de papel.

Para sustitiuir las nueces con que a veces se recubren las trufas, y no añadir más grasa a la receta, puede pasarlas por cereal de arroz inflado, que le darán ese toquecito crocante que combina deliciosamente con el del chocolate. Las grajeítas de chocolate son también buenas cubiertas, pero pueden aumentar un poco el contenido de calorías y grasa de la receta.

Las trufas deben refrigerarse tapadas en una bandeja hasta la hora de servir. También se pueden envasar en latas decoradas para regalo, pero entonces, deberá guardar las latas en la nevera.

50 calorías, 4.2 gramos de grasa

BOTECITOS DE LIMON

12 PERSONAS

8 oz. (¼ Kg) de crema agria sin grasa
4 oz. (125 gramos) de queso crema sin grasa,
  suavizado en el horno de microondas
½ tz. de azúcar
3 cdas. de jugo de limón
1 cda. de miel
Hojitas de menta fresca
12 mitades de limón vaciadas y limpias

Con la batidora de mano a velocidad baja, una la crema agria, el queso, el azúcar, el jugo de limón y la miel. Con esta mezcla rellene las mitades de limón y guárdelas en el refrigerador hasta la hora de servir. Adorne cada porción con una hojita de menta.

125 calorías, 0 grasa

Nota: Si es diabético sustituya el azúcar y la miel por endulzante artificial a su gusto. 95 calorías, 0 grasa.

PASTEL RAPIDO DE LIMON Y MERENGUE

8 PORCIONES

Corteza:
1¼ tz. de galletas Graham o de María molidas
3 cdas. de jugo de manzana
1 clara de huevo

Relleno:
1 sobrecito de natilla de limón instantánea
½ tz. azúcar
2 tz. de agua
Ralladura de un limón

Merengue:
1 tz. de azúcar
⅔ tz. de agua
6 claras

Eche la galleta en un tazón, vierta en el centro el jugo y la clara y mezcle con un tenedor. Termine amasando con los dedos y asegúrese de que la masa tenga una consistencia pareja. En un molde de cristal refractario, apisone con un apisonador o cuchara grande, apretando bien contra el fondo y los costados para formar la corteza. Tiene que quedar bien pareja. En un horno precalentado a 325°F (160°C) hornee durante siete minutos. Deje que la corteza se enfríe mientras prepara la natilla.

En un tazón, una el polvo de la natilla, el azúcar y la ralladura de limón con la mezcladora en velocidad baja. Vaya echando el agua poco a poco en el centro mientras mezcla. Cuando ya todo esté unido, ponga en una cacerola a fuego mediano y revuelva con una cuchara de madera hasta que espese. Si se le hacen grumos, bata la mezcla nuevamente o pase por un colador fino. Vierta la natilla sobre la corteza fría y espere a que enfríe y se cuaje.

Para el merengue, ponga a hervir el agua con el azúcar, revolviendo continuamente. Con un termómetro de cocina compruebe que la temperatura llegue a 240°F (120°C). Si no tiene termómetro, eche una gota de almíbar en el recipiente con agua; si se hunde, es que ya está a punto. Bata las claras a velocidad mediana hasta que forme picos. Poco apoco vaya uniendo el almíbar con el merengue y suba la velocidad a máxima. Siga batiendo hasta que esté bien unido y el merengue esté satinado.

Con una espátula cubra el pastel abundantemente con el merengue y lleve al horno precalentado a 400°F (200°C) para que se dore. Cuide de que no se queme.

195 calorías, 0 grasa

HELADO CREMOSO DE GUAYABA

6 PORCIONES DE MEDIA TAZA:

2 tz. de pulpa de guayaba congelada
1 tz. de miel
3 cdas. de jalea de guayaba
1 tz. de "queso" de yogurt sin sabor
⅓ tz. de leche en polvo sin grasa
½ cdta. de vainilla

Para hacer "queso" de yogurt, ponga el yogurt sin sabor en un colador y déjelo en la nevera o refrigerador de 12 a 24 horas para que escurra el líquido y adquiera una consistencia más firme.

Ponga todos los ingredientes en la licuadora: el "queso" de yogurt, la pulpa de guayaba, la miel, dos cucharadas de jalea, la vainilla y la leche en polvo. Mezcle los ingredientes y añada la última cucharada de jalea. Muévala con la cuchara, sin mezclar. Puede colocar la mezcla en recipientes individuales o en uno solo. Debe estar en el congelador por 30 minutos.

195 calorías, 0.3 gramo de grasa.

> **Nota:** Si ud. es diabético (o desea eliminar la miel) sustitúyala por endulzante artificial a su gusto y utilice jalea de guayaba (comercial o casera) sin azúcar, endulzada artificialmente. El contenido calórico bajará entoces aproximadamente a 105 calorías por porción.

FLAN DE QUESO

8 PORCIONES

8 oz. (¼ Kg) de queso crema sin grasa, suavizado en el horno de microondas
8 oz. (¼ Kg) de sustituto de huevo líquido
1 lata de leche condensada sin grasa
1 lata de leche evaporada sin grasa
½ tz. de leche fresca sin grasa
4 cdas. de azúcar para el caramelo

Con una batidora de mano a velocidad baja, mezcle en un tazón todos los ingredientes, excepto el azúcar. En una ollita a fuego alto, eche el azúcar. A medida que se derrita, mueva o ladée la ollita para que se dore de una forma pareja y no se queme demasiado. Cuando el caramelo esté derretido y burbujeante, viértalo en un molde de hornear de material antiadherente. Déjelo enfriar aproximadamente 10 segundos y vierta la mezcla del flan. Hornee a baño de María a una temperatura de 325°F (160°C) de 50 a 55 minutos o hasta que se cocine. El flan estará listo si al introducirle un palillo en el centro, el mismo sale limpio. Enfríe en la nevera.

255 calorías, 0 grasa

MOUSSE DE CAFE

4 PORCIONES

1 sobre de gelatina sin sabor
½ tz. de agua fría
1 tz. de leche evaporada sin grasa
1 sobre de crema batida en polvo (whipped topping mix) sin grasa
½ tz. de azúcar
1 cdta. de vainilla
1½ cda. de café instantáneo
¼ cdta. de canela en polvo
1 cda. de brandy
1 cda. de licor de café o Kahlúa

En un tazón, disuelva la gelatina con el agua fría. Deje reposar cinco minutos y póngala en una ollita a fuego lento. Revuelva bien por aproximadamente tres minutos. No debe hervir. Retire del fuego y vierta en un tazón. Añada el café, el azúcar, el Kahlúa, el brandy y la canela. Mezcle bien.

En un tazón aparte, mezcle 2 cucharadas de la leche con la crema en polvo y bata a velocidad baja suavemente. Suba la velocidad bata 4 minutos más hasta que quede esponjoso. Añada la primera mezcla que hizo a la crema batida, el resto de la leche evaporada y una bien los ingredientes usando una espátula con un movimiento envolvente.

Viértalo en moldes individuales y refrigere. Adorne con una hojita de menta.

161 calorías, 0.1 gramo de grasa

ZABAGLIONE O SABAYON

6 PORCIONES

8 yemas de huevo
1 tz. de azúcar
¾ tz. de vino Marsala
2 claras de huevo fresco (opcional)

Mezcle a velocidad baja las yemas de huevo con el azúcar. Ponga esta mezcla en una olla a baño de María y mueva sin cesar con una batidora de mano de alambres (wisk) o con una batidora eléctrica con un solo batidor en velocidad mínima. Bata hasta que espese. Agregue el vino Marsala y continúe moviendo hasta que este esponjoso por un minuto más. Retire del fuego.

Este postre puede servirse frío o caliente en copas o sobre un platito decorado con unas gotas de couli o de sirope de chocolate sin grasa. También es ideal para servir sobre fresas y frambuesas frescas. Hay quienes gustan de batir las claras hasta que tengan cierta firmeza y unirlas a la mezcla de las yemas con un movimiento envolvente. Esto le da más esponjosidad al postre, pero es opcional.

266 calorías y 6.6 gramos de grasa. Con 1 cdta. de sirope de chocolate sin grasa: 286 calorías y 6.6 gramos de grasa

BIZCOCHO BASICO

12 PORCIONES

  5 claras de huevo
  4 yemas de huevo
  ¾ tz. de puré de manzana
  ⅔ tz. de azúcar
  1 tz. de harina para todos los usos, cernida
  1 cdta. de polvo de hornear
  1 cdta. de vainilla
  ½ cdta. de sal
  Grasa en aerosol

Precaliente el horno a 350°F (180°C). En un tazón grande bata las claras de huevo hasta que estén suaves y formen piquitos. Agruegue el azúcar poco a poco sin dejar de batir hasta que tome una consistencia dura y brillosa. Ponga a un lado. En otro tazón, combine las yemas de huevo, el puré de manzana, la vainilla, el extracto de fresa y el colorante.

Mezcle bien. Una la harina con el polvo de hornear y la sal e incorpórela a la mezcla del huevo poco a poco. Bata ligeramente para unir los ingredientes. Por último, agregue esta mezcla a las claras de huevo y con una espátula, únalo todo con movimientos envolventes.Vierta esta mezcla en un molde de material antiadherente de hornear ligeramente engrasado con grasa en aerosol. Hornee de 45 a 50 minutos o hasta que al introducir un palillo salga completamente limpio. Deje enfriar al revés sobre una parrilla cubierto con el molde antes de desmoldar.

119 calorías, 1.76 gramo de grasa

BIZCOCHO NAVIDEÑO

18 PORCIONES

  10 claras de huevo
  8 yemas de huevo
  1½ tz. de puré de manzana
  1⅓ tz. de azúcar
  2 tz. de harina cernida para todos los usos
  2 cdtas. de polvo de hornear
  1 cdta. de vainilla
  1 cdta. de sal
  4 cdtas. de extracto con sabor a fresa
  4 cdtas. de colorante vegetal rojo
  ½ tz. de mermelada de fresa
  Grasa en aerosol

Precaliente el horno a 350°F (180°C). En un tazón grande bata las claras de huevo hasta que estén suaves y formen piquitos. Agregue el azúcar poco a poco sin dejar de batir hasta que tome una consistencia espesa y brillosa. Ponga a un lado. En otro tazón combine las yemas, el puré de manzana, la vainilla, el extracto de fresa y el colorante. Mezcle bien.

Una la harina con el polvo de hornear y la sal e incorpórela a la mezcla del huevo poco a poco. Bata ligeramnte para unir los ingredientes. Por último agregue esta mezcla a las claras de huevo y con una espátula únalo todo con movimientos envolventes. Vierta la mezcla en cuatro moldes de hornear de 9 pulgadas (22 cm.) de diámetro por 3 pulgadas (7 cm.) de alto ligeramente engrasados con grasa en aerosol. Hornee de 45 a 50 minutos cada uno o hasta que al introducir un palillo salga completamente limpio. Deje enfriar en una parrilla cubiertos con los moldes.

Una vez hayan refrescado los cuatro bizcochos, coloque el primero en una bandeja redonda y unte la mermelada de fresa por encima. Coloque arriba otro bizcocho y cubra por arriba con cubierta básica para bizcocho utilizando una espátula. Coloque el tercer bizcocho y unte mermelada por encima. Por último, coloque el cuarto bizcocho y cubra la torta entera (por arriba y por los costados) con la cubierta básica para bizcocho utilizando una espátula. En Navidad se puede adornar con hojitas de pascua de pastillaje y grageas de canela.

238 calorías, 3.34 gramos de grasa

CUBIERTA PARA BIZCOCHO (FROSTING)
RINDE 12 PORCIONES

2½ taza de azúcar en polvo
4 cdas. de leche sin grasa
2 cdas. de crema batida en polvo (whipped topping mix)
½ cdta. de cremor tártaro
¼ cdta. de esencia de almendra
¼ cdta. de esencia de vainilla

Ponga en un tazón la crema batida y la leche, bata a velocidad suave hasta mezclar bien los ingredientes. Suba a velocidad y agregue poco a poco el azúcar en polvo sin dejar de batir. Añada las esencias y el cremor tártaro y siga batiendo hasta obtener la consistencia deseada.

68 calorías, 0 grasa

FLAN DE MAMEY
10 PORCIONES

1 pqte. de 14 oz. (400 gramos) de mamey congelado o igual peso de mamey fresco
1 lata de leche condensada sin grasa
1 lata de leche evaporada sin grasa
Sustituto de huevo líquido equivalente a 4 yemas de huevo
1 cdta. de vainilla
3 cdas. de azúcar
1 pizca de sal

Precaliente el horno a 350°F (180°C). Con una batidora de mano mezcle el sustituto de huevo con la leche condensada, la leche evaporada y la pulpa de mamey. Añada la vainilla y la sal. Corrija el punto de azúcar de ser necesario.

Eche el azúcar en un molde de hornear de metal antiadherente. Caliente a fuego alto, mueva el molde y agregue unas gotas de agua hasta que se dore el caramelo. Apague el fuego y espere a que se asiente y vierta la mezcla del mamey.

Vierta agua hirviendo en una bandeja de hornear y coloque en el centro el molde con la mezcla de mamey. Hornee a baño María por una hora o hasta que al insertar un palillo el mismo salga limpio. Espere a que se enfríe para desmoldarlo. Sírvalo con crema batida, pues es un complemento ideal para su sabor.

217.3 calorías, 0 grasa Si lo sirve con crema batida: 247 calorías, 1 gramo de grasa

POSTRE DE PARCHA (MARACUYÁ)

8 PORCIONES

½ tz. de jugo de parcha (maracuyá) concentrado
1 tz. de crema batida instantánea (ver receta en
 este capítulo)
1 tz. de leche condensada sin grasa
Sustituto de huevo equivalente a 2 huevos
3 claras para el merengue
3 cdas. de azúcar
⅛ tz. de agua
½ cdta. de limón
Una pizca de sal

Mezcle en un tazón la crema batida con la leche condensada y las yemas. Agregue el jugo de parcha (maracuyá) y revuelva. Vierta en una fuente o en copas individuales. Haga un sirope espeso con el azúcar y el agua en una ollita. Bata las claras a punto de merengue y écheles sal y limón. Poco a poco añada el sirope. Siga batiendo hasta que tenga una consistencia satinada.

Cubra el postre con el merengue y refrigere.

205 calorías, 0 grasa

QUINDINES

30 PORCIONES

1¼ tz. de azúcar
1 cda. de mantequilla
Sustituto de huevo líquido equivalente a 8 huevos
½ tz. de coco rallado seco
1 cda. de vainilla
1 cda. de extracto con sabor a coco
Azúcar el polvo (opcional)
Pasitas (opcional)
Grasa en aerosol

Mezcle todos los ingredientes en un tazón, menos las pasitas y el azúcar en polvo. Precaliente el horno a 350°F (180°C) . Engrase con la grasa en aerosol un molde de hornear de "mini muffins" (o de panecillos ingleses en miniatura). Con un cucharón, vierta la mezcla del tazón en los moldecitos, llenándolos a tres cuartas partes de su capacidad. Revuelva con el cucharón la mezcla cada vez que lo llene para que siempre caiga adentro el coco rallado, porque si no, se queda en el fondo.

Si va a añadir pasitas a los quindines, hágalo ahora. Dos o tres por cada quindín es suficiente. Ponga el molde en una fuente de cristal refractario con una pulgada de agua hirviendo. Horneé a baño María de 45 a 50 minutos.

Los quindines deben quedar delicadamente tostados por encima y si los vira al revés, la consistencia del fondo debe ser suave y esponjosa.

Sírvalos en copitas de papel (de las que se usan para bombones o caramelos) y, si desea, espolvorée azúcar en polvo por encima.

41 .1 calorías, 0.8 gramo de grasa

SALSA DE CHOCOLATE CALIENTE (HOT FUDGE)

10 PORCIONES

¼ tz. de agua
¼ tz. de leche en polvo sin grasa
¼ tz. de cocoa cernida
4 cdas. de azúcar
1½ cdta. de vainilla

En una cacerola pequeña mezcle el agua con la leche hasta que la leche se disuelva completamente. Caliente a fuego mediano, añada la cocoa y el azúcar. Cocine por 15 minutos revolviendo constantemente hasta que esté consistente. Retire del fuego y agregue la vainilla. Rinde ⅔ taza aproximadamente. Vierta sobre bizcochos, helados cuando todavía está caliente, si desea "estirar", puede añadir un poquito de leche fresca sin grasa.

38 calorías, 0 grasa

> **Nota:** Puede sustituir el azúcar por endulzante artificial. 20 calorías, 0 grasa.

CREMA DULCE BASICA PARA FRUTAS

4 PORCIONES DE 3 CUCHARADAS:

12 cdas. de crema agria sin grasa
8 cdas. de azúcar
1 cdta. de vainilla

Ponga todos los ingredientes en un tazón y revuélvalos bien hasta disolver el azúcar. Ideal para servir sobre fresas, moras, frambuesas y ensalada de frutas.

137 calorías, 0 grasa

> **Nota:** Puede sustituir el azúcar por endulzante artificial. 45 calorías, 0 grasa.

CREMA BATIDA INSTANTANEA

1 sobre de crema batida en polvo
½ tz. de leche bien fría sin grasa
½ cdta. de vainilla

En un recipiente profundo mezcle la leche, la vainilla y la crema en polvo con una batidora de mano a velocidad baja hasta unir todos los ingredientes. Suba la velocidad y siga batiendo hasta que la mezcla esté pegajosa y forme piquitos. Rinde dos tazas.

1 cucharada 30 calorías, 1.1 gramos de grasa

CREMA BATIDA II

⅓ tz. leche sin grasa
⅓ tz. leche en polvo
2 cdas. miel
¼ de vainilla

Eche la leche en polvo en un tazón y llévelo al congelador por 20 minutos. Con la batidora de mano mezcle la leche sin grasa con la leche en polvo. Suba la velocidad hasta que la mezcla forme piquitos. Añada la miel y la vainilla. Use enseguida para que no se separe, lo que puede ocurrir después de 20 minutos.

14 calorías, 0 grasa

> **Nota:** Puede sustituir el azúcar por endulzante artificial. 10 calorías, 0 grasa.

CUBIERTA (FROSTING) DE QUESO PARA BIZCOCHOS

RINDE 12 PORCIONES

1 queso crema de 8 oz suavizado "light"
2 cdas. de ralladura de naranja o esencia con sabor a naranja
1 cdta. de vainilla
3 tz. de azúcar en polvo cernida

Bata el queso, la ralladura de naranja y la vainilla con una batidora de mano eléctrica en velocidad alta hasta que este esponjoso. Añada el azúcar. Bata ahora a baja velocidad hasta que este bien mezclado. No bata de más.

Cuando cubra un bizcocho con esta cubierta o "frosting" guárdelo tapado en la nevera.

68 calorías, 0 grasa

> **Nota:** Esta cubierta es deliciosa y muy útil si no encuentra el "whipped topping mix" o crema batida instantánea en su localidad.

MOUSSE DE FRUTA

6 PORCIONES

1 pqte. de gelatina sin azúcar con sabor a fresa
½ tz. de agua
1½ tz. de fresas frescas picaditas
⅔ tz. de leche en polvo instantánea sin grasa
1 sobrecito de endulzante artificial
Hielo

Combine en una ollita la gelatina con el agua. Deje reposar. Cocine a fuego lento moviendo constantemente hasta que se disuelva.

Mezcle en una licuadora la gelatina, la fruta y la leche en polvo. Eche los cubitos de hielo poco a poco hasta que la mezcla esté cremosa. Pruébela y si desea, agregue ahora el endulzante.

Vierta sobre 6 copitas individuales. Tape con papel plástico y refrigere hasta la hora de servir.

70 calorías, 0 grasa

> **Nota:** Hay otras frutas y combinaciones que pueden ser riquísimas tales como gelatina de piña combinada con banana picadita, gelatina de naranja con mango picadito, etc. El contenido de calorías variará muy poco entre una fruta otra.

MERENGUITOS DIETETICOS

RINDE PARA 12 MERENGUITOS

2 claras de huevo
8 cdas. de endulzante artificial en polvo
¼ cdta. de cremor tártaro

Bata las claras. Agregue el cremor tártaro, el endulzante en polvo y siga batiendo hasta que el merengue forme piquitos. Con una manga de repostería forme 12 merenguitos sobre una bandeja de hornear. También los puede ir colocando con una cuchara grande.

Hornee en un horno precalentado a 250°F (120°C) durante 20 minutos o hasta que se doraden levemente.

5.5 calorías, 0 grasa

> **Nota:** Ideal para comer solitos o sobre una natilla, crema de frutas o mermelada de frutas.

MANZANAS ASADAS

4 PORCIONES

4 manzanas
¼ tz. de pasitas
1 tz. de jugo de manzana sin azúcar
4 sobrecitos de endulzante artificial
1 cdta. de canela
1½ cdta. de maicena

Precaliente el horno a 350°F (180°C). Sáqueles el centro o corazón a las manzanas. Póngalas en una fuente de cristal refractario cuadrada. Esta debe quedar llena a capacidad con las manzanas. Rellene el centro con las pasitas.

Combine el jugo de manzana y un sobrecito de endulzante con la maicena y vierta en el fondo de la fuente. Espolvorée las manzanas con canela y otro sobrecito de endulzante. Hornee de 25 a 30 minutos o hasta que las manzanas estén tiernas. Sirva frías o calientes con la salsa por encima.

137 calorías, 0 grasa

BEBIDAS

BATIDO DE FRUTAS NATURALES

2 PORCIONES

2 tz. de agua
2 tz. de papaya en trocitos (o de otras frutas como
   mango, mamey, fresas, bananas, etc)
4 cdas. de azúcar (o el equivalente en endulzante
   artificial)
Hielo picadito

Ponga todos los ingredientes en la licuadora y bata hasta
que esté cremoso. Es un alimento nutritivo y delicioso.

Con azúcar: 162 calorías, 0.5 gramos de grasa.
Sin azúcar: 50 calorías, 0.5 gramo de grasa

> Nota: El contenido calórico variará de 25 a 50 por
> porción, dependiendo del tipo de fruta que utilice.
> También en vez de usar agua puede usar leche sin
> grasa. Añada entonces 80 calorías por porción.

BEBIDA DE POSOLE

2 PORCIONES

1 taza de posole cocinado (mote)
8 cdas. de leche condensada sin grasa
½ cdta. de canela en polvo
1 cdta. de extracto de vainilla
¼ cdta. de extracto de almendras
1½ tz. de agua
Ralladura de 1 limón
12 cubos de hielo

Coloque el posole en un colador y enjuague varias veces
hasta retirar todo el exceso de sal posible. Escurra bien.

En una mezcladora combine el posole, la leche, la
ralladura de limón, la canela, la vainilla, el extracto de
almendras, el agua y los cubos de hielo. Mezcle hasta
que esté suave y cremoso. Sirva enseguida.

82 calorías, 0 grasa

COQUITO

16 A 18 PORCIONES

2 latas de leche evaporada sin grasa
1 lata de leche condensada sin grasa
½ lata de leche de coco "light"
Sustituto de huevo líquido equivalente a 6 huevos
½ taza de ron blanco
1½ cda. de vainilla
½ cdta. de canela en polvo
4 cdtas. de extracto con sabor a coco

Con una batidora de mano mezcle en un tazón
grande le leche condensada y el huevo. Añada la leche
evaporada, la leche de coco, la vainilla y el extracto
con sabor a coco. Finalmente eche la canela, bata un
poco más y cuele por un colador grande de malla fina
cubierto en su interior con una gasita fina.

Vierta en un botellón grande o en dos botellas de un
litro, tape y refrige. Sirva bien frío en copitas de
licor, solo o en las rocas.

111 calorías, 0.6 gramo de grasa

CAFE CUBANO CON ESPUMITA

6 TAZAS (ESPRESSO)

5½ cdas. de café espresso molido
4 cdas. de azúcar

Ponga el azúcar en una taza de medir. Llene una cafeterita de café espresso con el agua y el café necesario para 6 porciones. Cuando el café empiece a colar, eche aproximadamente dos cucharadas del primer chorrito de café al azúcar y bata vigorosamente con una cuchara. Si es necesario añada una cucharada más de café y siga batiendo hasta formar una pasta cremosa. Cuando el café termine de colar, viértalo sobre la pasta de azúcar. Revuelva y sirva inmediatamente en tacitas de café espresso.

32 calorías, 0 grasa

CAFE DE LAS ISLAS

4 PORCIONES

24 oz. (½ litro aprox.) de café americano fuerte
  bien caliente
4 cdtas. de miel (o endulzante artificial)
4 cdtas. de ron
4 cdtas. de licor de café Kahlúa
8 cdas. de crema batida instantánea o de crema
  batida II (ver postres pg. 181)

Vierta el café, el ron, el Kahlúa y la miel en una ollita; caliente a fuego mediano. Si lo desea más dulce, corrija el punto. Caliente, pero no lo deje hervir. Viértalo en tazas individuales. Agregue la crema sin revolver el café.

Con azúcar: 181 calorías, 1 gramo de grasa.
Con endulzante artificial: 111 calorías, 1 gramo de grasa.

CHAMPOLA DE GUANABANA

4 PORCIONES

1 guanábana grande
½ tz. de azúcar (o el equivalente en endulzante
  artificial)
3 tz. de leche sin grasa
½ cdta. de vainilla

Pele la guanábana y póngala en remojo. Aplaste en un colador para que suelte las semillas. Ponga esta pulpa en un tazón, añada el azúcar, la leche y la vainilla. Mezcle bien. Vierta la mezcla en la licuadora o procesadora con unos trozos de hielo y bata a velocidad media. Sirva inmediatamente.

Con azúcar: 205 calorías, 0.5 gramo de grasa.
Con endulzante artificial: 122 calorías, 0.5 gramo de grasa.

SODA O "BLACK-OUT" DE VAINILLA

4 PORCIONES

4 refrescos de cola de dieta
4 porciones de helado de vainilla sin galletitas
  (ver postres)
4 cdas. de crema batida instantánea o de crema
  batida II (ver postres pg. 181)

Prepare la receta del helado de vainilla sin galletitas. Vierta el refresco helado en un vaso alto de cristal para soda. Eche dos bolas del helado de vainilla y ponga a flotar encima una cucharada de crema batida. Sirva enseguida con un popote o sorbeto y una cucharita larga de té.

124 calorías, 3.2 gramos de grasa

SODA DE KAHLUA

4 PORCIONES

½ tz. de leche sin grasa
½ tz. de licor de café o Kahlúa
1½ tz. de Club Soda
4 cdtas. de azúcar
¼ cdta. de vainilla

Ponga 8 vasos en el congelador. Mezcle la leche, el azúcar, el Kahlúa y el Club Soda. Llene con hielo los vasos y vierta la mezcla. Sirva inmediatamente.

50 calorías, 0 grasa

REFRESCO DE CAFE

6 PORCIONES

6 tacitas de café espresso
2½ tz. de leche fresca sin grasa
½ tz. de azúcar (o endulzante artificial)
2½ tz. de soda
¼ cdta. de vainilla
Hielo

Mezcle todos los ingredientes y vierta en vasos individuales con hielo.

Con azúcar: 88 calorías, 0 grasa.
Con endulzante artificial: 33 calorías, 0 grasa.

> **Nota:** Si es diabético puede sustituir el azúcar por endulzante artificial.

BATIDO DE MELOCOTON

1 PORCION

4 oz. (125 gramos) de melocotón enlatado en sirope ligero (light)
8 oz. (¼ Kg) de leche sin grasa
1 lata de 8 oz. (¼ Kg) de néctar de melocotón
2 cdas. de azúcar (o endulzante artificial)
Hielo picadito

Ponga todos los ingredientes en una licuadora y bata hasta que esté cremoso.

Con azúcar: 174 calorías, 0 grasa.
Con endulzante artificial: 78 calorías, 0 grasa.

SANGRIA

12 PORCIONES

3 latas de agua de soda
1 tz. de azúcar (o endulzante artificial)
3 tz. de vino blanco o tinto
2 tazas de frutas picaditas (fresas, manzanas, peras, piña, uvas y otras)

Mezcle todos los ingredientes en una jarra. Revuelva bien para disolver el azúcar. Ponga en la nevera para se enfríe bien. Añada cubitos de hielo a la hora de servir.

95 calorías, 0 grasa. Con azúcar 95 calorías, 0 grasa.
Con endulzante artificial 60 calorías, 0 grasa.

CAFE IRLANDES

2 PORCIONES

    4 cdtas. de azúcar (o endulzante artificial)
    1½ tz. de café americano fuerte bien caliente
    1 oz. (30 gramos) de whisky irlandés
    4 cdas. de crema batida instantánea o crema
      batida II (ver postres)

Ponga una cucharadita de azúcar en una taza, añada el café y luego el whisky. Vierta una cucharada de crema y déjela que flote. Sirva enseguida.

Con azúcar: 175 calorías, 0.5 gramo de grasa.
Con endulzante artificial: 140 calorías, 0 grasa.

Nota: Puede sustituir el azúcar por endulzante artificial.

BATIDO DE GERMEN DE TRIGO

2 PORCIONES

    2 vasos de leche fresca sin grasa
    6 cdas. de germen de trigo
    4 cdas. de azúcar (o endulzante artificial)
    ½ cdta. de vainilla
    Hielo picado

Ponga todos los ingredientes en la licuadora hasta que espese. Sirva enseguida.

Con azúcar: 176 calorías, 1.5 gramos de grasa.
Con endulzante artificial: 84 calorías, 1.5 gramos de grasa.

CHOCOLATE CALIENTE

6 PORCIONES

    4 cdas. de cocoa en polvo
    ⅛ cdta. de sal
    2 tz. de leche fresca sin grasa
    ½ tz. de crema batida
    ½ tz. de leche condensada sin grasa
    2 tz. de leche evaporada sin grasa
    ½ cdta. de vainilla
    Canela o cocoa en polvo para espolvorear

En una cacerola combine la cocoa con un poco de leche evaporada y mezcle bien. Agregue el resto de las leches. Lleve a punto de ebullición. Baje el fuego y añada la sal y la vainilla. Bata con la mezcladora de mano por un minuto. Vierta en vasos o tazas con asa y ponga una cucharada de crema encima. Espolvoree con canela o cocoa.

186 calorías, 0.6 gramo de grasa.
Con endulzante artificial tendrá entonces: 133 calorías, 0.6 gramo de grasa.

Nota: Si lo desea, sustituya la leche condensada por endulzante artificial.

PIÑA COLADA "VIRGEN"

16 PORCIONES

4½ tz. de jugo de piña (natural o entalada)
1 lata de leche condensada sin grasa
1 tz. de leche de coco "light"
3 cdtas. de extracto con sabor a coco
4 cdas. de extracto con sabor a ron
Hielo picadito

Mezcle todos los ingredientes menos el hielo en un tazón. Bata ligeramente. Vierta en la licuadora con hielo picadito hasta que adquiera una consistencia cremosa. Repita la operación para hacer todas las porciones. Sirva inmediatamente. También se puede servir en las rocas.

97 calorías, 0.7 gramo de grasa.

> **Nota:** La receta original lleva de 4 a 6 oz. de ron blanco.

MARGARITA "VIRGEN"

4 PORCIONES

½ tz. de azúcar (o endulzante artificial)
4 tz. de agua
Jugo de 6 limones
Hielo
Sal

Eche los ingredientes en la licuadora o procesadora y oprima a la velocidad de "frappé", agregando el hielo poco a poco hasta que el "frappé" se espese. Frote el borde de una copa ancha con una rodaja de limón, ponga al revés sobre sal fina para que quede nevado. Vierta el "frappé". Adorne con una rodaja de limón y sirva enseguida.

Con azúcar 105 calorías, 0 grasa.
Con endulzante artificial: 93 calorías, 0 grasa.

> **Nota:** La receta original lleva 1 oz. de tequila. Con tequila y azúcar: 170 calorías, 0 gramos de grasa.

BLOODY MARY "VIRGEN"

2 PORCIONES

2 latas de 8 oz. (250 gramos) de jugo de tomate
1 cda. de jugo de ½ limón
Sal y pimienta a gusto
Salsa tabasco a gusto
2 ramitas de apio
Unas gotas de salsa inglesa (Worcestershire)

Mezcle todos los ingredientes y sirva con hielo.

53 calorías, 0 grasa

Nota: La receta original lleva 1 oz. de Vodka por porción. Con vodka: 118 calorías, 0 grasa.

MIMOSA DE SIDRA

8 COPAS

1 botella de sidra bien fría (3 tazas)
3 tz. de jugo de naranja bien frío
¼ tz. de jugo de limón (opcional)

Mezcle todos los ingredientes en una ponchera y sirva inmediatamente en copas de champagne.

91 calorías, 0 grasa

Nota: Esta bebida es una alternativa con un contenido mínimo de alcohol a la "Mimosa" original que se hace con champagne. Si a usted le gusta el champagne extra seco, añádale el jugo de limón a esta receta.

DAIQUIRI DE FRESAS "VIRGEN"

6 PORCIONES

1 lata de 8oz. (250 gramos) de limonada congelada
1 lb. de fresas (½ Kg) (reserve unas cuantas para adornar)
2 cdas. de extracto con sabor a ron
Hielo picadito suficiente para llenar el vaso de la licuadora
Azúcar (opcional)

Ponga todos los ingredientes en el vaso de la licuadora y bata hasta que queden los ingredientes bien mezclados y el hielo se haga "frappé". Verifique el dulzor por si quiere añadir un poquito más de azúcar. Adorne con las fresas que reservó. Sirva inmediatamente.

34.5 calorías, 0 gramos de grasa

Nota: La receta original lleva 1 oz. de ron en cada porción. Con Ron: 99 calorías, 0 grasa.

TOM COLLINS "VIRGEN"

2 PORCIONES

16 oz. (500 gramos) de agua de soda
Jugo de 2 limones
3 cdas. de azúcar (o endulzante artificial)
Rodajas de limón y cerezas para adornar

Mezcle todos los ingredientes y adorne.

Con azúcar 70 calorías, o grasa.
Con endulzante artificial: 6 calorías, 0 grasa.

Nota: La receta original lleva 1 oz. de ginebra por porción. Con vodka: 150 calorías, 0 gramos de grasa

TABLAS DE EQUIVALENCIAS

TABLA DE EQUIVALENCIAS DE KILOS Y GRAMOS

$\frac{1}{8}$ kilo	=	100 gramos
$\frac{1}{4}$ kilo	=	250 gramos
$\frac{1}{2}$ kilo	=	500 gramos
$\frac{3}{4}$ kilo	=	750 gramos
1 kilo	=	1000 gramos

TABLA DE EQUIVALENCIAS DE LIBRAS Y ONZAS

$\frac{1}{4}$ libra	=	4 onzas
$\frac{1}{2}$ libra	=	8 onzas
1 libra	=	16 onzas
$1\frac{1}{2}$ libras	=	24 onzas
2 libras	=	32 onzas

TABLA DE EQUIVALENCIAS DE LIBRAS Y KILOS

SISTEMA DE EUA/RU		SISTEMA METRICO
$\frac{1}{2}$ onza	=	15 gramos
1 onza	=	30 gramos
$1\frac{1}{2}$ onza	=	45 gramos
2 onzas	=	60 gramos
$2\frac{1}{2}$ onzas	=	75 gramos
3 onzas	=	90 gramos
3 fi onzas	=	100 gramos
4 onzas	=	125 gramos
5 onzas	=	150 gramos
6 onzas	=	175 gramos
8 onzas	=	250 gramos
7 onzas	=	200 gramos
8 onzas	=	250 gramos
9 onzas	=	275 gramos
10 onzas	=	300 gramos
11 onzas	=	325 gramos
12 onzas	=	350 gramos
13 onzas	=	375 gramos
14 onzas	=	400 gramos
15 onzas	=	450 gramos
16 onzas	=	500 gramos

> **Nota:** Las equivalencias anteriores son aproximadas, pero lo suficientemente cercanas a un cálculo exacto para hacer conversiones de un sistema a otro.

TABLA DE EQUIVALENCIAS DE ALIMENTOS SOLIDOS

1 pizca	menos de $\frac{1}{8}$ de cucharadita
1 cucharada	3 cucharaditas
4 cucharadas	$\frac{1}{4}$ de taza
1 cucharada	$\frac{1}{2}$ onza
2 cucharadas	1 onza
1 taza	8 onzas
1 libra	16 onzas
2 libras con $3\frac{1}{4}$ onzas	1 kilo

TABLA DE EQUIVALENCIAS DE ALIMENTOS LIQUIDOS

1 cucharadita	=	60 gotas
1 cucharada	=	3 cucharaditas
1 cucharada	=	$\frac{1}{2}$ onza
2 cucharadas	=	1 onza
4 cucharadas	=	2 onzas
$\frac{1}{4}$ taza	=	2 onzas
$\frac{1}{4}$ taza	=	4 cucharadas
1 taza	=	16 cucharadas
1 taza	=	8 onzas
1 pinta	=	2 tazas
1 cuartillo	=	2 pintas
1 cuartillo	=	32 onzas
$\frac{1}{4}$ de litro	=	1 taza y $1\frac{1}{4}$ cucharadas
$\frac{1}{2}$ litro	=	3 tazas y 3 cucharadas
1 litro	=	$4\frac{1}{3}$ tazas
$\frac{1}{4}$ taza	=	60 ml
$\frac{1}{3}$ taza	=	80 ml
$\frac{1}{2}$ taza	=	120 ml
$\frac{2}{3}$ taza	=	160 ml
$\frac{3}{4}$ taza	=	180 ml
1 taza	=	240 ml
2 tazas	=	480 ml

TABLA DE EQUIVALENCIAS DE TEMPERATURAS DE HORNOS

FAHRENHEIT	CENTIGRADOS
250°F	120°C
275°F	140°C
300°F	150°C
325°F	160°C
350°F	180°C
375°F	190°C
400°F	200°C
425°F	220°C

GLOSARIO

ALCOHOL

Es un ingrediente en una gran variedad de bebidas. Incluyendo cerveza, vino, licores y bebidas mezcladas o puras. El alcohol puro contiene 7 calorías por gramo.

ALMIDON

Uno de los dos tipos de carbohidratos. Los alimentos que contienen almidón se encuentran en la lista de Intercambios de Alimentos con Almidón.

AZUCAR(ES)

Uno de los dos tipos de carbohidratos. Alimentos que contienen azúcar natural se encuentran en la lista de intercambios de Leche, Verduras/Vegetales y Frutas. Azúcares añadidas incluyen el azúcar blanca y azúcares derivadas del alcohol (sorbitol, manitol, etc.)

CALORIA

Es una unidad utilizada para expresar el calor o la energía en los alimentos. Las calorías provienen de los carbohidratos, proteína, grasa y alcohol.

CARBOHIDRATO

Uno de los tres principales componentes de energía de los alimentos. Los carbohidratos más comunes son el almidón y el azúcar. Los carbohidratos proveen aproximadamente 4 calorías por gramo. Se encuentran en los alimentos de las listas de intercambios de Leche, Verduras/Vegetales, Fruta y Alimentos con Almidón.

COLESTEROL

Es una sustancia grasosa que se encuentra en la sangre. Se ha comprobado que un nivel alto de colesterol en la sangre es un riesgo para desarrollar enfermedades del corazón. El colesterol dietético se encuentra en productos de origen animal, pero es especialmente alto en yemas de huevo y vísceras. El comer alimentos altos en colesterol dietético y grasa saturada tiende a subir el nivel de colesterol en la sangre. Alimentos de origen vegetal como la fruta, verduras/vegetales, granos frijoles/habichuelas/judías y chícharos/guisantes/arvejas no contienen colesterol. Alimentos de las listas de intercambios de la Leche, Carnes y Grasas contienen colesterol.

DIETISTA

Una dietista registrada (RD) es reconocida por la profesión médica como el proveedor principal de cuidado, educación y asesoramiento nutricional. Las iniciales RD después del nombre de la dietista, indican que la persona ha cumplido con los requisitos de la Asociación Americana de Dietistas. Busque estas iniciales cuando quiera asesoramiento o consejos sobre nutrición.

EDUCADORES CERTIFICADOS DE DIABETES (CDE)

Educadores de la salud que se han especializado en diabetes y que han presentado y pasado un examen de certificación aprobado por la Asociación Americana de Educadores de Diabetes. Estos educadores se mantienen al día de los avances en la materia y le pueden ayudar en el manejo de su diabetes.

FIBRA

Es la parte no digestible de ciertos alimentos. Es un componente importante de la dieta. Se encuentra en alimentos de las listas de intercambios de Almidón, Verduras/Vegetales y Frutas.

GRAMO

Una unidad de masa y peso en el sistema métrico. Una onza equivale a 30 gramos.

GRASA

Es una de las tres principales fuentes de energía en los alimentos. Es una fuente concentrada de energía 9 calorías por gramo. Se encuentra en alimentos de la lista de Carnes y Grasa. Hay ciertos tipos de leche que también contienen grasa; al igual que ciertos alimentos dentro de la lista de Almidón.

®GRASA MONOINSATURADA

Es un tipo de grasa que generalmente es líquida a temperatura ambiente y se encuentra en aceites vegetales tales como canola y de oliva. Cuando son parte de una dieta baja en grasa, pueden ayudar a bajar el nivel de colesterol en la sangre.

® GRASA POLIINSATURADA

Es un tipo de grasa que generalmente es líquida a temperatura ambiente y se encuentra en aceites vegetales. El aceite de cártamo ("safflower"), girasol, maíz, cuando son parte de una dieta saludable, pueden ayudar a bajar el nivel de colesterol en la sangre.

® GRASA SATURADA

Es un tipo de grasa que tiende a subir el nivel de colesterol en la sangre. Se encuentra principalmente en productos de origen animal y es sólida a temperatura ambiente. Algunos ejemplos de grasas saturadas son: la mantequilla, manteca animal, grasa de carne, manteca vegetal, aceite de palma y aceite de coco.

INSULINA

Es una hormona producida por el cuerpo que le ayuda a utilizar los alimentos. También es preparada comercialmente como inyección para aquellas personas que no producen suficiente insulina.

INTERCAMBIO

Son alimentos agrupados en una lista que tienen un valor nutricional similar. Los alimentos de un grupo, de acuerdo a sus porciones, pueden ser intercambiados entre sí al planificar las comidas. Un intercambio tiene cantidades similares de carbohidratos, proteína, grasa y calorías.

MINERAL

Es una sustancia esencial para el cuerpo que se necesita en cantidades muy pequeñas. Ayuda a reparar y a formar tejidos y/o controlar funciones en el cuerpo.

NUTRIENTE

Es una sustancia en los alimentos que es esencial para la vida. Los carbohidratos, proteínas, grasas, minerales, vitaminas y agua son nutrientes.

PLAN DE ALIMENTACION

Es una guía que le ayuda a determinar cuantos intercambios puede comer en cada comida o bocadillo ("snacks") para controlar la distribución de los carbohidratos, proteínas, grasas, calorías durante el día.

PROTEINA

Uno de los tres nutrientes principales en los alimentos. Provee aproximadamente 4 calorías por gramo. Se encuentra en los alimentos de la lista de intercambios de Leche y Carnes. Cantidades más pequeñas de proteína se encuentran en las Verduras/Vegetales y los Alimentos con Almidón.

SODIO

Es un mineral que el cuerpo necesita para vivir, y se encuentra principalmente como uno de los componentes de la sal. Muchas personas necesitan disminuir la cantidad de sodio (y sal) que consumen para controlar la presión arterial alta.

TRIGLICERIDOS

Son grasas que se encuentran en la sangre y que son derivadas de los alimentos. El subir o aumentar demasiado de peso o consumir demasiada grasa, alcohol o carbohidratos pueden elevar el nivel de triglicéridos en la sangre.

VITAMINAS

Son sustancias que se encuentran en cantidades muy pequeñas en los alimentos y que ayudan al cuerpo en sus diferentes funciones y procesos. Las vitaminas incluyen: A, D, E, complejo B, C y K.

Adaptado del manual de Las Listas de Intercambio de Alimentos diseñado por un comité de la Asociación Americana de la Diabetes y la Asociación Dietética Americana. © (1995).

INDICE

INDICE

LISTADO DE FOTOGRAFIAS DE RECETAS

INTRODUCCION

RECETAS (en orden alfabético)

NOTAS:

NOTAS: